ICDL 教育信息技术应用

教学大纲 1.0

ICDL 基金会 著
ICDL 亚 洲 译

东南大学出版社
SOUTHEAST UNIVERSITY PRESS
·南京·

说　　明

ICDL 基金会认证科目的出版物可用于帮助考生准备 ICDL 基金会认证的考试。ICDL 基金会不能保证使用本出版物可确保考生通过 ICDL 基金会认证科目的考试。

本学习资料中包含的任何测试项目和(或)基于实际操作的练习仅与本出版物有关,不构成任何考试,也没有任何通过官方 ICDL 基金会认证测试以及其他方式能够获得认证。

使用本出版物的考生在参加 ICDL 基金会认证科目的考试之前必须通过各国授权考试中心进行注册。如果没有进行有效注册的考生,则不可以参加考试,并且也不会向其提供证书或任何其他形式的认可。

本出版物已获 Microsoft 许可使用屏幕截图。

European Computer Driving Licence，ECDL，International Computer Driving Licence，ICDL，e-Citizen 以及相关标志均是 The ICDL Foundation Limited 公司(ICDL 基金会)的注册商标。

前　　言

ICDL 教育信息技术应用

随着数字技术不断发展并影响生活的方方面面,教育工作者面临着成功将信息通信技术(Information Communications Technology,简称 ICT)融入教育的挑战。本书将引导您了解在教学实践中有效使用信息通信技术(ICT)所需的关键技能。

本书提出了必要的概念和技能,以便在教学中有效地利用信息通信技术(ICT)来支持和加强教学、学习和评估。

完成本书学习后,考生将具备以下能力:

- 了解使用信息技术(ICT)支持和加强课堂教学、学习和评估的关键概念。
- 规划教育信息技术(ICT)。
- 了解在教育中使用信息通信技术(ICT)的安全性。
- 概述可用于支持和加强教学、学习和评估的教育信息技术(ICT)资源。
- 了解如何寻找和评估教育信息技术(ICT)资源,以支持和加强教学、学习和评估。
- 概述课堂技术的主要特点。
- 使用学习平台的主要功能。

学习本书的意义

教育信息技术(ICT)在教育中的应用模块是专门针对教育和培训部门的教学和学习开发的,以发展技能和知识,使用技术来改善学生的学习成果。

教育信息技术(ICT)在教育中的应用模块提供了国际公认的改进教育信息通信技术(ICT)在教学实践中的使用方式,并帮助考生实现其学习目标。

本书已经严格按照高标准进行开发，主题专家在教学实践和IT用户技能领域方面投入很大，确保其相关性和全面性。

一旦考生掌握了本书中提供的技能和知识，将能够通过ICDL教育信息技术应用的国际标准认证。

有关本书每一节涵盖的ICDL教育信息技术（ICT）应用教育大纲具体领域的详细信息，请参阅本书末尾的ICDL教学大纲。

目　　录

第1课　信息通信技术	1
1.1　信息通信技术在教育中的概述	2
1.2　信息通信技术的优点——教师篇	6
1.3　信息通信技术的优点——学生篇	8
1.4　信息通信技术的优点——评估篇	11
1.5　潜在的挑战	13
1.6　复习练习	15
第2课　安全和健康	17
2.1　可接受使用政策（AUP）	18
2.2　使用互联网的潜在风险	19
2.3　最大限度地降低互联网的风险	21
2.4　数据保护	23
2.5　数据安全	24
2.6　使用电脑或设备时的健康方式	25
2.7　复习练习	27
第3课　教学与信息通信技术	29
3.1　信息通信技术与学习风格	30
3.2　信息通信技术和教学/学习策略	32
3.3　信息通信技术和学习环境	34
3.4　复习练习	36

第4课　规划使用信息通信技术 ··· 37
　　4.1　课程计划 ··· 38
　　4.2　课程考虑因素 ··· 39
　　4.3　实际考虑因素 ··· 41
　　4.4　访问考虑因素 ··· 43
　　4.5　创建一份信息通信技术增强的课程计划 ····························· 44
　　4.6　复习练习 ··· 46

第5课　用于教学和学习的信息通信技术资源 ······························· 47
　　5.1　数字内容 ··· 48
　　5.2　通信工具 ··· 52
　　5.3　在线协作工具 ··· 55
　　5.4　生产力工具 ··· 61
　　5.5　图像、音频和视频工具 ··· 65
　　5.6　复习练习 ··· 68

第6课　课堂技术 ··· 70
　　6.1　交互式白板 ··· 71
　　6.2　数字投影仪 ··· 73
　　6.3　数字可视化器 ··· 74
　　6.4　屏幕共享工具 ··· 75
　　6.5　图像、音频和视频设备 ··· 77
　　6.6　通信和协作工具 ··· 78
　　6.7　移动学习 ··· 78
　　6.8　在教育环境中使用移动计算机的方法 ······························· 82
　　6.9　复习练习 ··· 84

第7课　信息通信技术资源评估 ··· 86
　　7.1　屏幕评估 ··· 87
　　7.2　调查工具 ··· 89

7.3　评估管理工具 ･･････････････････････････････････ 90
　　7.4　电子投资组合 ･･････････････････････････････････ 91
　　7.5　协作评估 ･･････････････････････････････････････ 93
　　7.6　复习练习 ･･････････････････････････････････････ 93

第8课　查找和评估信息通信技术资源 ････････････････････ 95
　　8.1　查找适当的信息通信技术资源 ････････････････････ 96
　　8.2　评估信息通信技术资源 ･･････････････････････････ 99
　　8.3　负责任地使用在线资源 ･････････････････････････ 103
　　8.4　创建评估信息通信技术资源表格 ･････････････････ 105
　　8.5　复习练习 ･････････････････････････････････････ 108

第9课　学习平台 ･････････････････････････････････････ 110
　　9.1　学习平台功能 ･････････････････････････････････ 111
　　9.2　使用学习论坛 ･････････････････････････････････ 112
　　9.3　复习练习 ･････････････････････････････････････ 118

ICDL 教学大纲 ･････････････････････････････････････ 120

第1课

信息通信技术

完成本课学习后,您应该能够:
- 了解教育中使用的信息通信技术(ICT)可以由计算机和设备、网络、应用程序/工具和数字内容组成
- 概述使用信息通信技术(ICT)支持和加强教学的优势
- 概述使用信息通信技术(ICT)支持和增强学习的优势
- 概述信息通信技术(ICT)支持和加强评估的优势
- 概述使用信息通信技术(ICT)支持和加强教学、学习和评估面临的障碍

1.1 信息通信技术在教育中的概述

💡 概念

随着信息通信技术（ICT）的飞速发展，越来越多地融入日常生活的每一个环节，教师和学生都面临着将信息通信技术（ICT）成功融入教育的任务。由于信息通信技术（ICT）的普及以及教学和学习的本质，这成了一项艰巨而复杂的任务。

然而，通过发展信息通信技术（ICT）技能并将其与现有的教学技能相结合，您将能够通过各种方式使用信息通信技术（ICT）来支持您的教学实践——从与学生分享知识和经验，到为您的学生增强和改进学习经验和评估学习过程。当在这一领域建立自己的能力时，您就会发现可以通过越来越多的方式将技术有效地整合到您的工作中，从而帮助学生实现学习目标。

那么信息通信技术（ICT）是什么意思？为什么要把信息通信技术（ICT）融入教育？有什么优点？最重要的是对于您和您的学生，您如何开始成功有效地将信息通信技术（ICT）融入您的教学实践中，从而改善教学成果？

ICT 是什么意思？

ICT（信息通信技术）涵盖的技术很广泛。它可以被定义为用于传输、存储、创建、共享或交换数据或信息的技术工具和资源。

概括而言，信息通信技术（ICT）在教育中可以包括计算机和设备、网络（包括互联网和社交网络）、应用程序/工具和数字内容。

第 1 课　信息通信技术

计算机包括传统的台式电脑、笔记本电脑和平板电脑等移动计算机。

设备可以包括：

● 智能手机、媒体播放器、数码相机和电子阅读器等移动设备。

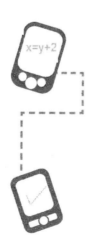

- 课堂显示设备,如交互式白板、数字投影仪和数字可视化。

- 外围设备,如打印机、扫描仪、扬声器、网络摄像头、麦克风和游戏设备。注意:扬声器和麦克风通常集成到计算机和智能手机中。
- 辅助技术,如专家操纵杆、跟踪球和键盘。
- 数据记录设备。

网络包括外部技术网络基础设施,如互联网和内部网络。网络也可以用来描述社交网络,教师可以在网络社区中分享教学经验、信息、课程想法和内容;学生可以分享学习想法和信息。在学习环境中,社交网络有时被称为学习网络。

应用程序/工具包括通用应用程序/工具,如生产力工具、通信工具、协作工具、媒体创作工具和辅助技术工具:在工作场所、教育和日常生活中使用的工具。

其他类型的工具可以大致分类为专门用于教育目的而创建的应用程序/工具。这些工具包括主题特定应用程序/工具、探索性/基于游戏的工具和学习平台。注意：学习平台也被称为学习管理系统(LMS)、内容管理系统(CMS)和虚拟学习环境(VLE)。

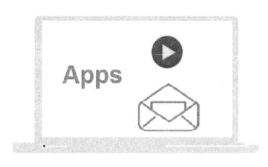

数字内容包括文本、图像、音频、动画、视频和交互式的内容形式,还可以包括参考资料和专题材料。教育中使用的数字内容应适合年龄、课程、本地化,并且与文化相关。

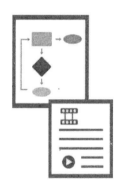

描述信息通信技术(ICT)在教育中应用的不同的术语强调了教育在信息通信技术(ICT)中使用的广度和多样性。其他一些术语包括：

- ICT 加强教学、学习和评估；
- 技术增强学习；
- 学习技术；
- 教育技术；
- 教育科技；
- 电子学习；
- 基于计算机的学习；
- 在线学习。

1.2 信息通信技术的优点——教师篇

💡 概念

那么作为老师,为什么要把信息通信技术(ICT)融入教育?信息通信技术(ICT)对教师的用途包括:

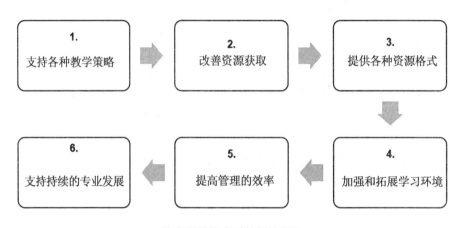

信息通信技术对教师的用途

1. 支持各种教学策略

教师将决定在教学环境中适合采用哪种教学策略或策略组合,但教师可以使用信息通信技术(ICT)来支持他的选择。信息通信技术(ICT)可以通过许多有吸引力和创新的方式支持各种传统和新的教学策略,其中包括:

(1) 学习者为中心或个性化学习,根据学生的学习需要量身定制教学。例如,教师可以选择可用于增强学生能力的资源,例如模拟或在线测验。

(2) 与两位或多位学习者一起学习的协作式学习。例如,教师可以创建一些学习活动,学生可以一起完成在线搜索,或者通过外语进行阅读、讲故事或说话,或者一起完成模拟或游戏。

(3) 通过问题解决和调查,而不是通过呈现事实来进行的基于查询的学习。例如,教师可以创建学习活动,学生使用在线搜索来发现答案,或使用视频通话与专家交谈,或以电子方式记录他们的发现。

(4) 通过长期完成项目来回答复杂或具有挑战性的问题,进行**基于项目的教学或学习**。例如,教师可以创建供学生使用的在线搜索的学习活动,或使用录音工具来记录实验,或使用多媒体演示工具来记录他们的项目。

(5) 改变传统教学模式的**翻转教室**。在这个策略中,发生在传统教室里的事实和信息的传递是在家里进行的,通常使用演讲风格的视频。以作为传统家庭作业的项目和练习现在转变成在课堂上进行。

2. 改善资源获取

教师可以使用信息通信技术(ICT)轻松查找和共享资源。例如,使用互联网和移动技术,教师可以随时随地访问和共享资源,无论其身在何处。而社交网络和其他基于教育的网站和门户网站的扩散使教师可以轻松访问各种资源。许多资源是免费的,但是教师在选择资源时应始终使用其教学和关键评估技能。

3. 提供各种资源格式

教师可以使用各种数字资源格式,包括文本、图像、音频、视频和动画,使其课程更具创新性、互动性和吸引力。教师可以将不同的格式纳入其教学实践、学习和评估资源以及学习活动中。

4. 加强和扩展学习环境

教师可以在课堂上使用显示等技术来增强传统的学习环境,也可以通过使用互联网连接和技术(如学习平台)将学习环境扩展到在线环境,还可以通过使用移动技术将学习环境扩展到移动环境。

5. 提高管理的效率

除了进行课程教学以外,教师可以定期完成许多管理任务。教师可以使用**信息通信技术(ICT)**工具更有效地完成其管理任务。使用电子表格、数据库、学习平台和通信技术等工具来管理、记录、保存这样的任务,可以让教师有更多的时间专注于学生学习。

6. 支持持续的专业发展

教师可以使用信息通信技术(ICT)支持持续的专业发展。例如,可以访问在线课程,如 MOOC(大量开放式在线课程)和网络研讨会,还可以使用协作和通信技术与全球或区域在线社区接触,并创建自己的学习网络和实践社区。

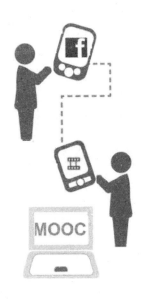

1.3 信息通信技术的优点——学生篇

概念

教师从信息通信技术(ICT)融入教学实践中获得的许多优点也可以应用于学生。请特别注意将信息通信技术(ICT)用于学生的优点包括:

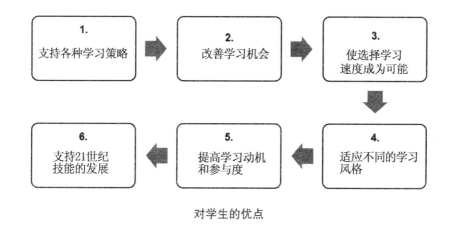

对学生的优点

1. 支持各种学习策略

如对教师的优点所述,学生可以使用ICT来支持各种传统和新的学习策略,包括个性化学习、协作学习和基于项目的学习。学生还可以使用ICT来支持其他策略,包括:

(1) **积极学习**。通过ICT,学生积极参与学习过程,而不是被动接收信息。例如,学生可能会在线查找信息和资源,或者可能会使用ICT工具设计的学习活动,以完成实验并记录结果。

(2) **独立学习**。通常年龄较大的学生对自己的学习比较负责,可以通过最少指导设定以独立学习。例如,年龄较大的学生可以使用搜索引擎或社交网络在线搜索信息和资源,或者可以使用多媒体工具或生产力工具创建自己的学习资源。

(3) **非正式学习**。学生遵循自己的学习路径,而不是像在更正式或传统的教学模式中,被动地从教师那里接收信息。例如,学生可以寻找并参加在线课程,或者可以加入社交网络小组来分享资源和想法。

2. 改善学习机会

学生可以随时随地使用互联网和移动技术访问学习。例如,有些学生可能会随时从任何位置使用互联网查找参考资料,进行在线教程。而有些学生可能会在家里或旅途中接触适当的学习,例如,他们可以使用在线游戏在家里练习算术和识字技能。

3. 使选择学习速度成为可能

学生可以利用信息通信技术（ICT）来确定学习的速度。例如，学生可以使用电子学习课程或模拟来适应他们的步调。

4. 适应不同的学习风格

学生可以使用ICT，通过使用各种数字资源格式来支持不同的学习风格。不同的格式，如文字、图像、音频、视频、模拟、游戏、测验和演示可以吸引不同的学生。

5. 提高学习动机和参与度

通过使用各种积极和引人入胜的电子资源格式（如视频、游戏和模拟），学生可以使用信息通信技术（ICT）来提高其学习动机和参与度。学生也可以通过使用工具来学习他们通常在空闲时间使用的工具，如社交媒体工具。

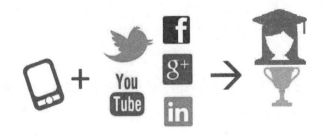

6. 支持21世纪技能的发展

不同的机构对21世纪的技能有多种定义，但它们能广泛地描述为，学生在不断变化的数字世界里生活和工作所需的技能。这些技能包括创造力、批判性思维、解决问题的能力、沟通和协作能力、学习能力、社会责任感和公民责任感、企业家精神和文化技能以及信息通信技术(ICT)和信息素养技能等。

除了通过学习如何有效地使用技术发展信息通信技术(ICT)的技能，学生还可以在学习过程中运用技术发展其他21世纪所需的技能，例如，学生可以使用搜索、协作、通信和内容创建工具等技术来支持基于问题的和基于项目的学习策略。当使用这些工具作为学习过程的一部分，可以培养学生广泛的21世纪技能。

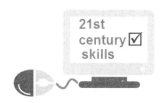

1.4 信息通信技术的优点——评估篇

概念

教师和学生利用信息通信技术支持和加强评估过程有许多优点，包括：

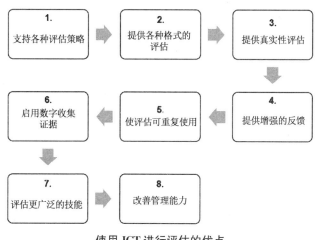

使用ICT进行评估的优点

1. 支持各种评估策略

可以使用ICT来支持和加强广泛的评估策略和类型,包括诊断评估、形成性评估、总结性评估、正式评估、非正式评估、自我评估、同行评估和合作评估。例如,可以:

(1) 使用在线调查进行诊断评估,以确定学生当前的能力或进展。
(2) 使用电子组合或屏幕测试来显示学生在总结性评估中的技能。
(3) 使用在线测验、模拟或游戏进行练习和自我评估。
(4) 使用博客等协作工具来进行同行和协同评估。

2. 提供各种格式的评估

通过使用ICT,使评估可包含各种格式,包括文字、图像、音频、动画和视频,使评估更能吸引学生。

3. 提供真实性评估

通过整合现实世界的场景,可以使用信息通信技术来使评估更真实。例如,可以使用模拟、虚拟世界和社交媒体来创建评估,让学生在真实情境下练习或表现自己的技能。

4. 提供增强的反馈

可以使用ICT为学生提供即时和适应性的反馈。例如,可以提供或创建一个屏幕上的评估,学生可以根据自己的回答获得即时反馈。

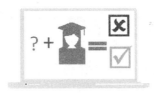

5. 使评估可重复使用

ICT提供评估格式和协作工具,使评估能够轻松共享和重新使用。共享和重用评估可以帮助用户减轻工作量。例如,用户可能会在线查找测验或模拟,因此不必重新创建。或者学校可能会在每个人都可以访问的共享网络上分享形式评估。

6. 启用数字收集证据

可以使用信息通信技术(ICT)收集数字格式的学生学习证据。这些类型的工具通常被称为电子组合。可以使用电子组合进行不同类型的评估,包括形成性和总结性评估。例如,学生可以通过使用各种创作工具创建不同格式的内容来展示他们的知识和技能。学生也可以轻松更新他们的工作,使用在线存储、社交网络和学习平台等工具分享他们的工作。

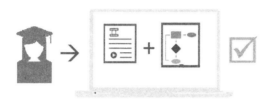

7. 评估更广泛的技能

可以使用ICT来评估比通常在课堂上评估的更广泛的学生技能,可以使用不同的评估类型,如电子组合、模拟、游戏和虚拟世界,以允许学生展示超出课堂教学的技能。

8. 改善管理能力

可以使用ICT来改善管理评估的方式。例如,可以使用电子表格、数据库、学习平台、剽窃检测软件和通信工具等手段来管理结果的提交、标记、存储和通信。

1.5 潜在的挑战

概念

尽管在教育中使用信息通信技术(ICT)有很多优点,但并不总是能将信息通信技术(ICT)有效地融入教学实践中。应该意识到在教育中使用信息通信技术(ICT)时可能面临的潜在挑战,包括:

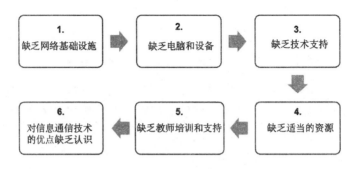

在教育中使用 ICT 的挑战

1. 缺乏网络基础设施

需要在课堂上访问高质量的互联网连接，例如高速宽带，以便在课程中访问互联网技术。如果在教室中无法访问良好的互联网连接，则无法利用学习技术（如在线资源、通信工具和协作技术）。

2. 缺乏电脑和设备

需要访问足够数量的优质电脑和设备，缺乏高质量的电脑和设备可能是有效利用信息通信技术的挑战。

3. 缺乏技术支持

当用户遇到问题以便有效利用信息通信技术（ICT）时，需要技术人员的支持服务（例如热线）；需要支持维护和升级技术设备，如计算机、设备和网络；需要支持使用和维护软件和内容。缺乏技术支持会造成信息通信技术（ICT）无法使用。

4. 缺乏适当的资源

需要获得合适的资源来创造有效的课程。包括:适龄;具体主题;本地化;文化相关等。

缺乏适当的学习资源可能意味着教师无法根据学生的需求量身定制课程,虽然可以使用信息通信技术(ICT)来创建自己的资源,但这可能是耗时的。

5. 缺乏教师培训和支持

教师需要在使用教育信息通信技术(ICT)和教学方面进行适当的培训和持续的支持。教师需要确信其可以有效利用技术来改变学生的学习体验,并提高学习成效。

6. 对信息通信技术的优点缺乏认识

如果学校的工作人员、学生和家长不知道在教学、学习和评估中使用信息和通信技术的优点,可能会导致缺乏使用信息通信技术(ICT)的动力,可以提高学校对信息通信技术(ICT)融入教育优点的认知能力。

1.6 复习练习

1. 教师正在与同事讨论其可能在课堂中使用的不同类型的ICT。以下哪一个是可以广泛使用的ICT的最佳描述?

    a. 它主要是电子学习课程。

    b. 它主要是文字处理和演示应用程序。

    c. 它主要是计算机在计算机实验室。

    d. 它主要是电脑、设备、学校网络、互联网、应用程序和数字内容。

2. 教师正在告诉同事关于在教学实践中使用 ICT 的优点,以下哪一项是使用 ICT 的优点?

　　a. 获得互联网专业发展资源。

　　b. 立即改善学生在课堂上的行为。

　　c. 自动提高教学技能。

　　d. 需要提前计划课程的时间减少。

3. 列出使用 ICT 学习的三个可能的优点:

　　_____

　　_____

　　_____

4. 在评估学生进步时,以下哪一项是使用 ICT 的潜在优点?

　　a. 它保证了改进的测试结果。

　　b. 它确保测试问题始终是准确的。

　　c. 它使得重复使用测试问题更容易。

　　d. 它检查评估问题是否映射到课程表。

5. 下列哪一项最好地描述了信息通信技术整合到课程的共同挑战?

　　a. 缺乏适合课程的适当内容。

　　b. 缺乏快速的互联网连接和适合整个班级的设备。

　　c. 技术支持不足或教学咨询。

　　d. 所有上述选项。

第 2 课

安全和健康

完成本课学习后,您应该能够:

- 了解可接受使用政策(AUP)的概念
- 了解教育学生和家长关于安全的和负责任的使用互联网的重要性
- 概述使用互联网的潜在风险
- 概述如何尽量减少学生使用互联网的风险
- 通过实施有关的数据保护法律,清楚保护学生数据的重要性
- 了解教师在实施数据保护政策中的作用和责任
- 识别一些在计算机和设备上保护数据的方法
- 确认在使用电脑或设备时有助于确保教师和学生健康的几种方式

2.1 可接受使用政策(AUP)

💡 概念

在教育环境中使用信息通信技术(ICT)是良好的做法,其规定了教师和学生如何使用这些规则,以保护每个人免受潜在风险。一个好的起点是创建一个称为可接受使用政策(AUP)的文档。

可接受使用政策(AUP) 是一个文件,概述了学校在使用计算机和互联网时的行为是否可以接受,它通常适用于学生和教师。

您应该检查您的学校系统是否有现成的 AUP 可以使用。如果没有,有许多在线可用的例子可以用作创建您自己的 AUP 的起点。

通常,AUP 涵盖电子邮件、互联网、社交媒体、网络设备、数据、计算机和移动设备的适当使用。它们还可以涵盖广泛的信息通信技术(ICT)问题,包括:互联网安全;数据安全;数据保护;可访问性;健康和安全。

AUP 应由父母、学生、教师或学校管理人员提供,应通知所有的学生、教师和家长,考虑到技术的不断更新,应不断审查和更新 AUP。

2.2 使用互联网的潜在风险

概念

无论是在学校、家里还是在移动设备上,使用互联网时都有很多潜在的风险。在学校环境中,这需要引起教师和家长的高度关注,应确保学生和家长了解使用互联网时相关的潜在风险,特别是与社交媒体相关的风险。

然而,与使用互联网(包括社交媒体)相关的风险通常是人们如何使用互联网以及网络行为而不是技术本身的结果,还应确保学生和家长了解如何安全、负责地使用互联网。为了提高认识,教师可以在课堂上与学生讨论此主题,并通过信息会话或向家里发送信息通知家长。教师还应该在 AUP 中记录使用互联网和社交媒体的适当准则。

学生面临的一个潜在风险是**在线欺凌**,也被称为网络欺凌,这是一个人或一群学生让另一个学生感到受到威胁或边缘化。例如,学生可能会使用社交网站发表不当的评论或传播关于他人的传闻。由于线上很容易捏造虚假身份或在线匿名,这使得网络欺凌更容易。

学生面临的另一个潜在风险是**性行为**。通常使用手机获取和发送性暗示或明确的消息或图像。发送者无法控制这些消息或图像在发送后如何使用。文本、电子邮件或社交网络可以广泛和快速地共享图像和消息。此外,消息或图像将永远存在,并可能对未来产生负面影响。教师应该让学生明白,创建、传播或存有未成年人的性形象是非法的,并且有可能涉嫌犯罪。

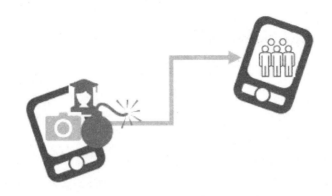

在网络上，学生也可能面临**收到未知信息**的风险，这些类型的邮件可以称为垃圾邮件，因为可能含有病毒，对学生可能会构成威胁。这些邮件可能意图欺骗学生披露个人信息——这被称为网络钓鱼。例如，欺骗学生披露个人信息，如银行信息等。

访问或下载非法或不当内容的学生也可能面临风险。互联网上有很多非法或不当内容的材料。学生可能意外访问此材料，例如在线搜索，或者有意访问该材料。仿问这些材料除了道德方面不恰当外，根据当地的法律，他们可能面临刑事犯罪的风险。

学生在网上的另一个潜在风险是被虚假身份欺骗和假装成潜在的在线朋友的人

诱骗,采取不正当的行为或约会。这些人可能会假装与学生交朋友,目的在于在线或在现实世界中欺骗学生以构成不当行为。例如,在社交网络上,成年人可能假装与学生是同一年龄,以获得信任,并有意利用他们。一旦这些成年人获得了学生的信任,他们可能会欺骗学生交换照片或视频或进行不当行为。他们也可能会欺骗学生在现实生活中约会,从而对其造成伤害。

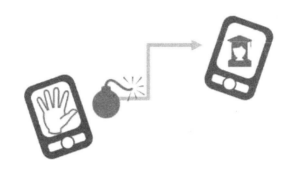

2.3 最大限度地降低互联网的风险

概念

尽管存在潜在的在线风险,但可以通过分享一些技巧来帮助学生降低风险并保证安全。这些技巧包括:

(1) 总是在网上尊重他人,在网上对待他人的态度应与在现实生活中对待他人一样。
(2) 不要访问或创建不当的材料或消息。
(3) 向学生的父母、老师或其他值得信赖的成年人报告任何不当的材料或信息。
(4) 不要与任何人分享个人信息或密码。
(5) 确保在社交媒体中使用适当的隐私设置。如果不设置隐私选项,学生的帖子可能会轻松地被大量的陌生人阅读。

(6)不要回复未经请求的邮件。

(7)向学生的父母、老师或其他值得信赖的成年人报告任何未经请求的邮件。

(8)永远不要在现实生活中约见网友。

(9)向学生的父母、老师或其他值得信赖的成年人报告网友提出的任何约会的请求。

教师和家长也可以控制学生获取互联网内容和社交媒体/网络,可以通过以下几种方法来实现:

(1)使用软件解决方案来控制对互联网内容的访问。可以使用的一种解决方案是内容过滤软件。有不同类型的内容过滤软件——例如,可以在 Web 浏览器、搜索引擎和操作系统中设置选项来限制学生可以访问的网站。此外,还可以使用代理服务器在网络级别为整个学校设置限制。

(2)实际监控学生的在线活动并调节设备的时间长短。可以设置计划的互联网会话并实际监控学生在学校访问的内容。在家里,特别是年幼的孩子,家长可以确保他们只能在设定的时间使用设备。

除了保护学生免受在线风险外,还应该让学生保持网络安全,特别是在使用社交媒体时。许多学生的风险和指导方针也适用于教师,很多关于社交媒体的信息都是公开的,所以教师应该检查社交媒体的隐私设置是否合适——例如,教师可能不希望学生看到其张贴的照片或被标记的照片,所以教师应该调整相应的隐私设置。

即使教师认为受到隐私设置的保护,也应该注意:当其发布网络内容时,将无法控制网络传播速度。电子信息可以轻松地复制和共享。例如,有人可以拍摄屏幕,或者可以以不同的方式共享屏幕。所以教师不要发布、分享任何可能导致其本人或其他人尴尬或可能损害其职业声誉或学校声誉的任何东西。

学校应在 AUP 中列入适当的指导方针,概述学生和教师如何在线保护自己。

2.4 数据保护

 概念

除了在线上保护学生的安全,在学校环境中保护学生数据也很重要,包括联系方式、医疗信息和评估结果等。学校可以通过实施有关的数据保护法律和 AUP 中的相关准则来保护学生的数据。数据保护法律因法律管辖权而异,因此学校需要检查哪些内容适合数据保护。

在学校环境中,老师应该知道谁负责设置学校数据保护政策,也应该了解自己的角色和责任。

根据所在地区的数据保护法,以下可能是教师在数据保护方面的角色和职责的一部分:

- 只出于具体目的收集关于学生的信息,并确保它是相关的和最新的。
- 向学生通报他们的数据保护权利,并要求他们访问有关信息。
- 确保有关学生的任何数据保持安全,未经事先许可不得共享。
- 仅在必要时保留有关学生的数据。
- 只有家长或监护人许可,才能在学校网站上公布学生的照片。

2.5 数据安全

💡 概念

保护学校数据的另一个方面是保护数据免受可能导致数据丢失或数据损坏的潜在威胁。学校应实施相关解决方案,并在其 AUP 中概述其周围的规则。

对数据的潜在威胁可能包括:恶意软件威胁;未经授权的人员访问数据;数据窃取;意外伤害。

保护数据免遭丢失或损坏的一些解决方案包括:

(1) **制定安全政策**并定期检查。

(2) 定期升级**安全软件**,防范新的威胁。

(3) 使用**防病毒软件**来保护计算机和设备免受恶意软件威胁。某些类型的防病毒软件可以防止恶意软件的安装。有些类型的软件可以在开启时检测并删除恶意软件。

(4) 使用**防火墙软件**来保护内部网络免受外部网络(如 Internet)的威胁。防火墙软件控制传入和传出的网络流量。

(5) 使用**加密软件**来保护敏感信息免遭未经授权的访问,如对信息进行编码,从而使信息只能由授权人员阅读。

(6) 通过复制电子信息来**备份数据**。为了防止通过盗窃或遇到洪水或火灾等不可抗力丢失数据,数据应定期存储到另一个存储介质中,并存储在场外,这一点很重要。

(7) **使用良好的密码策略**。例如使用强密码(通常至少包含 8 个字符,由混合数字、字母和大小写组成),定期更改密码,并且不共享密码。

(8) 通过存放安全的位置来**保护设备**。保持设备安全的一些提示包括:使用笔记本电脑或平板电脑;将它们牢固地锁在安全的储存设施中;使用密码控制;设置远程跟踪、锁定和擦除,以防丢失或被盗。

移动设备如平板电脑和笔记本电脑在学校环境中特别容易被窃取,因为它们易于携带和隐藏,并且由于设备被许多不同的人使用,所以很难跟踪它们。

2.6 使用电脑或设备时的健康方式

概念

在使用信息通信技术(ICT)的同时,重要的是确保教师和学生的身体健康,并在AUP中注明。如果不适当使用或长期使用设备可能会导致许多短期和长期的影响。一些简单的提示包括:

(1) 如果长时间在电脑或设备上工作,**请定期休息**,以避免眼睛疲劳,颈部、背部和腕部损伤,应该每30分钟离开计算机或设备几分钟。

(2) 在学校使用ICT设备时,**确保适当的姿势**,以避免颈部、背部和腕部的损伤

或重复的扭伤。在学校中,有体重不同和身高不同的人使用相同的设备,因此每个人对桌子、椅子、电脑或者设备的位置都应该调整,使其适合他们。

使用台式电脑时,一些适当姿势的建议包括:

- 保持手臂与桌子一致。
- 确保膝盖在桌子下面有空间。
- 保持背部有良好的支持。
- 将手腕放在键盘的上方。
- 确保鼠标与键盘的高度相同。
- 确保屏幕顶部与眼睛保持水平。
- 对显示器向下看,而不是向上看。

使用平板电脑时,一些适当姿势的建议包括:

- 使用单独的键盘在平板电脑上进行文本输入。
- 使用支架将平板电脑放置在适当的角度进行阅读。

(3) 在计算机或设备上工作时,**确保适当的照明**,以避免眼睛疲劳。一些建议包括:

- 确保有足够的自然光线。
- 确保显示器与窗户成直角,以避免眩光。
- 确保不直视投影仪。
- 使用短距离或超短距离数据投影仪,例如安装交互式白板。

(4) **确保**在使用计算机设备的房间内有**足够的通风**。计算机设备会产生热量，因此始终确保有计算机设备的房间通风良好。

(5) **确保房间无危险**，并且连接设备的电缆没有松动，以防学生被绊倒。

2.7 复习练习

1. 下列哪一项最能说明一个 AUP？

   a. 它为教师提供教学策略。

   b. 它包含学校日历的事件。

   c. 它包含一个班级的学生名单。

   d. 它在使用 ICT 时提供有关适当行为的指导。

2. 下列说法中哪两项是正确的？

   a. 学生和家长需要了解有关安全和负责任的互联网使用情况。

   b. 父母不需要知道安全和负责任的互联网使用情况。

   c. 在线风险主要是由于人们的行为不当，而与技术没有什么关系。

   d. 使用社交媒体等在线工具的学生没有风险。

3. 列出使用互联网的学生的四个潜在风险：

   _____

   _____

   _____

   _____

4. 家长们表达了对学生们使用学校互联网看到不良内容的关注。以下哪一项是最适合在线保护学生的方法？

   a. 告诉他们不允许查看不合适的材料。

   b. 使用内容过滤软件选项。

   c. 向他们提供一个被认可的网站列表。

   d. 不允许他们在学校使用互联网。

5. 以下哪两项说法是正确的？

   a. 数据保护法律不适用于学校环境。

   b. 数据保护法律因管辖权而异。

   c. 教师应遵守数据保护法。

   d. 教师不需要了解数据保护法。

6. 教师想在学校最近的一场音乐会中公布学生的班级博客照片。通常在发布照片之前，教师通常会请求谁提供书面许可，以遵守数据保护政策？

   a. 校长。

   b. 软件提供商。

   c. 学校网站管理员。

   d. 学生和他们的父母或监护人。

7. 将软件与正确的描述进行匹配：

1. 反病毒软件	2. 解密软件	3. 防火墙软件

   a. _____ 可用于通过控制传入和传出的网络流量来保护内部网络免受外部网络（如 Internet）的威胁。

   b. _____ 可用于通过对敏感信息进行编码来保护敏感信息免受未经授权的访问，以便只能由授权人员阅读。

   c. _____ 可用于通过防止、检测和删除恶意软件来保护计算机和设备免受恶意软件威胁。

8. 列出在课堂上使用 ICT 时确保教师和学生健康的四种方式：

   _____

   _____

   _____

第 3 课

教学与信息通信技术

完成本课学习后,您应该能够:
- 概述信息通信技术如何支持不同的学习风格
- 概述信息通信技术如何支持不同的教学/学习策略
- 概述信息通信技术如何支持不同的学习环境

3.1 信息通信技术与学习风格

概念

有许多不同的学习风格的理论和模式,其以不同的方式把学习风格或偏好分成许多种。教师要确定哪种学习风格模型(如果有的话)适合所处的教学环境。一个典型的例子是确定学生是否具有以下一种或多种学习风格:

- 听觉学习风格,学生倾向于通过倾听进行学习。

- 视觉学习风格,学生喜欢通过视觉描绘进行学习。

- 触觉学习风格,学生喜欢通过练习或"做",并将事物与自己的经验联系起来进行学习。

注意:虽然学习风格是一个常见的概念,但是有一些关于它们对学习重要性的争论。例如有一个观点认为,虽然学生可能有学习偏好,但支持这种偏好并不会产生更好的学习成果,更有用的是认识和支持学生能力、兴趣和背景知识的差异。

使用信息通信技术(ICT)来支持学习风格

教师可以使用信息通信技术(ICT)在许多方面支持学习风格。例如可以通过使用符合学习风格的资源格式,吸引各种学习风格的教学、学习和评估活动。而在整个课堂上,教师可以通过应用各种形式的学习风格吸引学生的注意力,包括:

● 教师可以使用音频数字内容支持听觉学习风格。例如,有声读物、视频、电视、收音机和音频教育的电子学习课程。教师还可以使用音频设计学习活动,例如,可以使用录音设备和编辑软件来创建有关课程中主题的录音。

● 教师可以支持使用图像和视频格式的视觉学习风格。例如,教师可以使用视频和图形丰富的电子学习和在线演示,与外部专家进行视频通话。教师还可以在设计学习活动时纳入使用视觉格式,例如,可以设计一个学习活动,学生可以使用数码摄像机和视频制作软件创建数字故事。

● 教师可以使用交互式格式,如模拟、互动游戏和测验来支持心理学习风格。教师还可以在设计学习活动时纳入互动格式的使用。例如,可以设计一个学习活动,学生可以使用互联网搜索工具完成关于特定主题信息的搜索,或者风格可以要求学生使用模拟软件来练习他们在上课时学习的概念或技能。

3.2 信息通信技术和教学/学习策略

概念

正如讨论在教育中使用信息通信技术的优点时所提到的,使用信息通信技术时有许多方法支持和增强传统与新的教学/学习策略。教师将决定在教学环境中适用哪种教学策略或几种策略的组合,哪种类型的信息通信技术适合您。一些例子包括:

1. 以学生为中心的学习

以学生为中心的学习,有时被称为个性化或差异化的学习方式,老师的重点是定制学习,以适应个别学生及其需求、背景知识、能力、兴趣和学习风格。在这个模型中,学生是一个积极参与者,以自己的速度建构自己的学习。这与传统的以教师为中心的学习方法相反,教师是知识专家,按照教师设定的步调将信息传递给被动学习的学生。

如何使用信息通信技术来支持以学生为中心的学习的例子包括:

- 使用模拟和在线测验等工具评估学习进度。
- 使用在线调查等工具来识别各种学习风格。
- 通过使用不同的资源格式、设计策略以适应个别学习风格。
- 使用电子学习课程以适应自己把握学习进度的学生。
- 使用互联网搜索工具以适应学习认真的学生。

2. 协作学习

在协作学习方式中,教师的重点是促进两个或两个以上的学生共同学习。这可以采取查找信息、解决问题、讨论主题和一起创建信息的形式。教师是协作学习的辅导者,学生积极参与学习。教师可以在学习活动中应用信息通信技术(ICT),支持学生之间协作的活动,包括:

- 学生使用互联网一起查找信息的活动。
- 学生使用协作工具创建内容的活动。
- 学生使用沟通工具讨论主题并共同解决问题的活动。

3. 非正式学习

在非正式学习中,学生在非正式背景下学习,而不是由教师指导。在这种学习中,学生积极参与自己的学习,他们使用自己的方法来学习和设定自己的学习目标，这通常更适合高年级学生。

信息通信技术提供可支持非正式学习的工具。使用互联网和移动技术，学生可以随时在自己愿意学习时进行学习，并且可采用自己的学习节奏。一些例子包括：

- 使用搜索引擎搜索信息。
- 使用在线聊天工具或社交媒体进行沟通。
- 使用在线存储工具等手段协作完成项目。
- 使用博客创建内容。
- 使用在线学习网站参与课程。

3.3 信息通信技术和学习环境

概念

教师可以使用信息通信技术（ICT）来支持从传统教学环境到混合学习环境再到完全在线学习环境等各种学习环境。

1. 传统教学环境

在传统教学环境中，教师的重点是将知识传授给学生，让学生在课堂环境中实现学习。在传统的教学环境中，教师可以使用信息通信技术来增强教学效果，吸引学生，提高学习动力。

例如，教师可以使用交互式白板、数字投影仪和屏幕共享软件等演示技术，或者可以在平板电脑等设备上使用数字教育资源，而不是传统书籍。

2. 混合学习环境

在混合学习环境，教师将传统的课堂环境与在线学习实践相结合。这种方法可以促进学生积极、独立的学习。

例如，教师可以在课堂上介绍一个主题，并在上课后跟进模拟课堂或在线讨论；或者可以使用翻转课堂教学方法，要求高年级学生阅读教学材料或观看视频讲座。教师则可以利用课堂上的时间来解决问题和计划工作，以加强学习。

3. 在线学习环境

在线学习环境中，所有的教学和学习都是使用互联网连接的计算机和设备（包括移动设备）进行的。例如，在在线课程中，教师可以使用电子邮件向学生发送说明、学习材料和评估；教师可以在线参加或举行"在线讲座"；教师还可以使用学习平台或其他形式的在线交付，在数周或数月内完成在线交付和管理的在线课程。

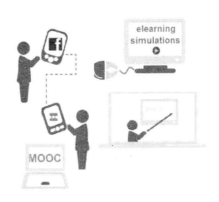

3.4 复习练习

1. 以下哪一项可以作为对学生偏好听觉学习风格最适合的学习活动？

    a. 听一个播客。

    b. 完成一次模拟。

    c. 阅读一本电子书。

    d. 在线观看一个视频。

2. 教师已经设计了一个学习活动，学生们可以一起组队完成一系列在线评估问题的形成性评估。以下哪个术语最能描述这种学习策略？

    a. 以学生为中心的学习。

    b. 非正式学习。

    c. 个性化学习。

    d. 协作学习。

3. 教师正在向一个学生的父母描述在线学习环境。以下哪一项是最好的描述？

    a. 当教师使用电脑创建课程材料时。

    b. 当教师在教室里使用交互式白板时。

    c. 可以是学生在课堂上使用的任何技术。

    d. 可以是使用互联网连接的任何计算机和设备进行学习。

第 4 课

规划使用信息通信技术

完成本课学习后,您应该能够:

- 概述规划使用信息通信技术加强课程的步骤
- 认识到规划信息通信技术增强课程包括课程准备、教学活动、学习活动、评估活动
- 概述在规划信息通信技术增强课程时实际考虑的因素
- 了解确保所有学生平等获得信息通信技术的重要性
- 识别一些增强辅助功能的选项
- 为信息通信技术增强课程创建课程计划

4.1 课程计划

💡 概念

当教师开始使用信息通信技术（ICT）时，需要将其纳入课程计划中。信息通信技术增强课程涉及与规划任何课程相似的各种步骤，但还需要选择适当的信息通信技术。无论教师选择何种信息通信技术，它都应该旨在支持和增强学生的学习经验和成果。

有很多制定教学计划的方法，教师应使用适合自己的方法。例如，可以从确定学习成果和学生的技能与需求开始，选择一个合适的教学策略。教师应该考虑所有因素，以确定最佳方法。

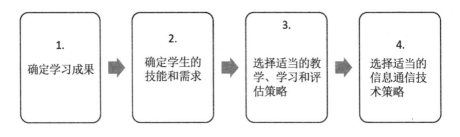

规划 ICT 增强课程

1. 确定学习成果
包括确定课程的目标或目的，这些目标或目的通常由课程目标决定。这可能包括发展高阶思维技能或横向技能以及发展专题技能。

2. 确定学生的技能和需求
包括确定他们现有的技能、首选的学习风格以及动机和期望。对于高年级的学生，也包括他们的学习经验。

3. 选择适当的教学、学习和评估策略
涉及确定适当的策略，以实现学习成果，并将根据他们的技能和需求选择适合他们的策略。

4. 选择适当的信息通信技术策略

涉及选择能够实现学习成果的信息通信技术策略以适合学生,并将支持教师的教学、学习和评估策略。例如,教师可以决定协作学习策略适合于实现特定课堂组的学习成果,学生可以自由组队在互联网上查找信息,并将其添加到课程中。

4.2 课程考虑因素

概念

在规划信息通信技术增强课程时,教师应该考虑在课程的不同方面选择适当的信息通信技术,包括:课程准备;教学活动;学习活动;评估活动。

课程准备

在课程准备时,教师可以使用信息通信技术来获得帮助。包括与在线社区中的其他教师分享教学最佳实践、浏览互联网内容和资源、创建数字内容(如演示文稿或视频)、为学生准备学习活动和准备评估等任务,包括:

- 参考其他教师通过论坛使用信息通信技术(ICT)的最佳实践示例。
- 在线查看可以在课堂上展示的视频。
- 创建自己的视频,以显示课堂或翻转的教室场景。
- 为学生设计学习活动,以便在课堂上创建一个主题视频。
- 创建在线调查,以帮助评估学生的学习进步程度。

教学活动

在准备课程时,教师应该选择信息通信技术(ICT)进行教学活动。这涉及在本课中使用的计算机和设备以及信息通信技术资源,这也包括选择适当的学习环境。例如:

- 在教室中使用交互式白板显示视频。
- 使用学习平台存储课程材料供学生访问。

学习活动

在准备课程时,教师应该选择信息通信技术(ICT)进行学生学习活动。这包括选择学生在课堂上学习活动或家庭后续学习活动中使用的计算机和设备以及信息通信技术(ICT)资源。例如:

- 要求学生单独阅读数字教科书。
- 要求学生结伴学习,以便在线搜索。
- 要求学生使用 Wiki 进行团队合作,为项目创建内容。
- 要求学生创建一个数字故事。

评估活动

在准备课程时,教师应该选择信息通信技术(ICT)进行评估活动。这涉及选择将用于评估和反馈的计算机和设备以及信息通信技术(ICT)资源。例如:

- 使用在线测验进行诊断评估。
- 使用在线测试进行总结性评估。
- 使用模拟进行诊断评估。

4.3 实际考虑因素

💡 概念

教师计划在课堂上使用信息通信技术(ICT)时,重要的是选择可实施的信息通信技术(ICT)策略。教师需要考虑在课程中使用信息通信技术(ICT)时实施的策略类型。

可用的信息通信技术和支持

教师应该考虑在学校内部和外部使用信息通信技术时需要提供哪些技术支持。包括:

- 什么类型的Internet连接可用,速度有多快?
- 所有教室都有有线或无线网络吗?
- 在网络或在线存储文件中的系统是否有用?

- 什么类型的计算机和设备可用,数量是多少?
- 什么类型的应用程序可用?
- 什么类型的数字内容可用?
- 需要创建新的资源吗?

教师技能

教师还应该考虑自身的信息通信技术(ICT)技能,同样重要的是自己有效使用信息通信技术的教学技能。信息通信技术(ICT)能力和技能将对教师可以实施的信息通信技术(ICT)策略类型产生影响。

学生的信息通信技术技能

教师应该考虑学生的信息通信技术技能,以及他们是否需要支持。

房间布局

教师需要考虑房间的布局,以及是否适合支持其正在考虑的信息通信技术策略。包括学校的教室或电脑实验室是否有电脑和设备;什么样的房间布局适合想要实现的方法;需要怎样修改房间布局以适应自身的方法等。

排课

另一个考虑因素是课程的持续时间和在可用时间内能否实现,包括是否有其他时间表限制。

需要额外的电脑和设备以及培训和支持

教师还应考虑是否需要额外的电脑和设备以及培训和支持来实施所选择的信息通信技术策略。

4.4 访问考虑因素

概念

信息通信技术可以通过多种方式来改善学生的学习机会。互联网和移动技术可以用于帮助学生随时随地访问学习,例如,偏远地区的学生可以通过使用视频聊天或电子邮件进行学习。

同时,在教育中使用信息通信技术的挑战之一就是确保所有学生平等地获得信息通信技术以及信息通信技术可以提供的学习机会。教师应该致力于确保所有学生在使用信息通信技术学习中平等受益。

如果学校有"携带自己设备"的政策,允许学生将自己的电脑和设备带入学校,那么应该为那些没有设备的学生在学校提供设备。如果学校期望学生在家中能使用互联网和电脑及移动设备,则应该确保所有学生都可以访问。

学校还应确保残疾学生能够获取正在使用的各种信息通信技术资源以及信息通信技术可以促进学习的机会。在改进可及性方面需要考虑的一些选择包括:辅助技术；Web可访问性指南；可访问的PDF文档。

一些辅助技术包括：

特殊键盘和其他输入设备，如滚球，使无法使用键盘或鼠标的残疾学生可以将数据输入计算机或设备。

语音识别软件，可帮助不能使用特殊键盘的学生，通过翻译语音命令将语音转换成文本，它可以与屏幕键盘一起使用。

屏幕阅读器软件通过逐行朗读计算机屏幕的输出来帮助盲人或视力受损的学生。学生可以使用耳机听内容。这种类型的软件可以与盲文显示器和用于输入的普通键盘一起使用。盲文显示设备通过在平坦表面上提升引脚，用盲人字符逐行显示计算机屏幕中的内容。盲人或视力受损的学生可以阅读输出的盲文。

屏幕放大镜可以放大屏幕上的内容，以帮助视力障碍的学生更容易地看到内容。

屏幕键盘提供物理键盘的替代品。残疾学生可以使用鼠标或其他定点设备（例如操纵杆）进行输入。

计算机、平板电脑和智能手机中有许多操作系统设置，可以配置为使技术更易于访问，无需额外的设备。这些设置包括屏幕颜色、屏幕和文字对比度以及文字大小。

除了辅助技术，教师使用的任何网站都应遵循网络无障碍指南。网络无障碍指南旨在使网页能够使每个人都能够访问。不同机构和政府提供了所在地区的共同标准，教师应该查找这些共同标准。还有包括在文本和背景之间使用高对比度，使屏幕更容易查看，并确保为任何听觉或视觉内容提供等效的替代方案，以确保PDF文档阅读无障碍。

4.5 创建一份信息通信技术增强的课程计划

在此任务中，教师将为其选择的信息通信技术增强课程制定课程计划。

确定教师正在考虑增强使用信息通信技术的一门课程，考虑如何将信息通信技术成功整合到课程中。教师的信息通信技术策略应该符合课程目标、学生的需求,以及教师自身的教学、学习和评估策略。教师还应该考虑任何实际问题,并确保所有学生都能获取学习方法。

教师可以根据需要尽可能详细列出课程计划,以满足其需要,也可以使用选择的课程计划模板在线查找,或使用下面提供的示例课程计划模板,教师可以根据需要修改模板。

无论教师选择哪种格式来记录课程计划,请尝试添加以下信息:

(1) 学习成果。

(2) 学生的技能和需求。

(3) 教学、学习和评估策略。

(4) 信息通信技术策略。

(5) 可用的信息通信技术和信息通信技术支持,如计算机和设备、互联网连接、网络类型等。

(6) 教师使用信息通信技术技能和教学技能。

(7) 考虑房间布局的因素。

(8) 考虑课程的持续时间和任何时间表限制因素。

(9) 对额外信息通信技术(如新软件、硬件或内容)、信息通信技术培训或支持的任何要求。

(10) 任何无障碍的考虑因素。

课程计划	描述
课程标题	
学习成果	
课程持续时间	
学生技能和需求	
教学、学习与评估策略	
信息通信技术策略	
准备因素	
可用的信息通信技术培训和支持	
附加信息	

样本课程计划模板

4.6 复习练习

1. 下列哪一项是对即将到来的课程选择技术时需要考虑的最重要的问题?
    a. 它在课堂上是免费的吗?
    b. 是否已经受到学生的欢迎?
    c. 适合学生和教学策略吗?
    d. 它是最新的技术吗?能打动您的学生吗?

2. 以下哪一项是信息通信技术融入教师的教学实践?
    a. 只有在课堂上向整个班级小组展示内容才有用。
    b. 最好用于创建总结性评估和管理测试结果。
    c. 它可以用于准备材料、教学和评估,以及学生学习。
    d. 管理考勤记录最有用。

3. 教师已经计划了一项活动,让学生以小组为单位在平板电脑上搜索使用互联网信息。以下哪一项是最重要的实际考虑因素?
    a. 访问教室中的无线网络。
    b. 在课堂上配备足够数量的个人电脑或笔记本电脑。
    c. 在课堂上访问交互式白板和投影仪。
    d. 学生将会享受活动。

4. 列出提高学生无障碍学习的三种选择:
    _____
    _____
    _____

第 5 课

用于教学和学习的信息通信技术资源

完成本课学习后,您应该能够:
- 确定可用于支持与加强教学和学习的数字内容类型,并概述其关键特征
- 识别可用于支持与加强教学和学习的沟通工具,并概述其关键特征
- 识别可用于支持与加强教学和学习的在线协作工具,并概述其关键功能
- 确定可用于支持与加强教学和学习的生产力工具,并概述其关键特征
- 识别可用于支持与加强教学和学习的图像、音频、视频工具,并概述其主要功能

5.1 数字内容

概念

信息通信技术资源的种类很多,可以用来支持教学和学习。教师计划信息通信技术增强课程的任务之一将是选择合适的信息通信技术(ICT)资源。

"信息通信技术(ICT)资源"可以用来表示不同的内容,具体取决于上下文。有时可能意味着:

- 应用程序或工具。
- 某种形式的数字内容。
- 专门为教育设计的信息通信技术(ICT)类型。
- 信息通信技术(ICT)的通用类型。
- 适合学生的一种信息通信技术(ICT)学习资源。
- 适合教师的一种信息通信技术(ICT)专业发展资源。

此外,大量数字教育内容与应用程序或工具混合在一起,因此教育应用程序或工具与教育内容之间并不总是能明确区分。

ICT 资源的一种类型是数字内容。数字内容可以被描述为通过因特网、CD、DVD 或电视访问的电子信息形式。教师选择什么类型的数字内容以及如何使用它将取决于其教学环境。了解选择时可用的一些不同数字内容类型是有用的,包括:

1. **数字课程**

   这些通常都被称为电子学习课程,其支持远程学习和以学生为中心的学习。它们使学生能够选择学习的速度、位置和时间,可以在课堂上使用来重新实施学习,提供指导和修订,或者也可以是独立的学习环境。一种特殊类型的课程是大规模在线课程(MOOC),这是一个开放给无限数量参与者的在线课程。另一种类型的课程是一个小型私人在线课程(SPOC),这是一个对有限的参与者开放,通常是入读一个校内课程的学生。SPOC支持混合学习和翻转课堂学习,将在线学习与面对面交互相结合。

2. 数字参考资料

这包括在线百科全书、地图和字典。它们是一个很好的信息来源,可以随时从任何地方访问在线版本。

3. 电子书或 eBooks

电子书或 eBooks 可以包括专题文本、参考书和小说等书籍。它们通常在移动或手持设备上下载和读取。它们可以取代重书籍;根据不同种类的书籍和设备,可能包括书签和突出显示等功能。

4. 视频

包括电影或短视频剪辑。它们是一个有吸引力的教学工具,可以向学生展示他们无法体验的课堂。教师还可以录制自己的视频,以便在上课之前、期间或之后提供指导或重新执行。视频也可以作为额外的评估使用方式显示信息。

5. 音频文件

这些与视频文件具有相似的用途,目的在于吸引学生。它们可以在上课之前、期间或之后作为另一种形式的教学提供指导或重新执行,也可以用于评估。

6. 动画

这些动画剪辑与视频具有类似的用途,可以用来在课堂中或课后演示概念和吸引学生。

7. 模拟

模拟环境中的生活经验。这些模拟可以被学生用来学习安全环境的技能。有不同类型的模拟,学生在一个完全模拟的环境中练习技能。通常模拟支持个性化反馈。

8. 虚拟世界

虚拟世界是用户在大多数情况下通过互联网进行互动，作为化身。它们有助于吸引学生，使他们能够解决问题、进行实验和发展社会技能。学生可以从历史或文学中重新创建事件，进行虚拟实验。虚拟世界的例子包括 SecondLife、Activeworlds、迪斯尼的 Toontown、企鹅俱乐部、KidsCom、Tootsville 和 Habbo。

9. 增强现实

这是一种虚拟现实，其中数字内容被覆盖在实物物体或对象的视频或图像上，有时使用 GPS 坐标。这可以用于向学生提供其他上下文信息。

10. 数字游戏

这些数字游戏采用单用户、播放器或多播放器的各种格式出现。一些例子包括冒险游戏、角色扮演游戏（RPG）、大量多个在线角色扮演游戏（MMORPG）、谜题、体育游戏、赛车游戏和射击游戏。学生可以在电脑、平板电脑、Wii、PlayStation 和 Xbox 上播放。玩游戏和创建游戏对于开发高阶技能和运动技能很有用。

11. 数据集

这些是数据或信息的组织集合，通常以列表、表格和数据库的形式组织，用于科学教育。

数字内容取决于内容的类型以及如何在教育中获得许可。选择数字内容时，教师应该考虑什么类型的内容将帮助他的学生实现其学习目标。要做到这一点，考虑内容的主要功能是很有帮助的，包括：

> ✓ 访问类型
> ✓ 互动级别

数字内容的一些关键特性

1. 访问类型

教师应该考虑如何访问数字内容。数字内容可以使用 DVD/CD 本地访问，或者从学校网络或互联网上下载,也可以在互联网上在线访问或流式传输,有时也称为基于 Web 的内容。通过互联网连接适当的设备,可以随时从世界任何地方访问基于网络的内容。

2. 互动级别

教师还应该考虑是否希望内容是互动的,以及想要的交互性级别。不同类型的互动性从简单到复杂,包括:

- 一种简单的互动方式可能会收到关于正确或不正确答案的反馈。
- 复杂类型的交互性可能会在模拟中获得个性化的反馈。
- 不包含反馈的互动内容可能涉及在屏幕上移动或使用在线地图。
- 数字内容也可以是非交互式的,例如打印的静态着色表,屏幕上的演示文稿和视频等。

3. 格式

教师还应该考虑要使用的格式类型。数字内容有多种格式——文字、图像、视频、动画、音频和游戏。格式可以混合,学生通常会发现更具吸引力的多媒体格式。然而,在某些情况下,例如在线阅读一本书,纯文本格式可能更合适。

4. 可重用性

教师应该考虑是否要使用现有内容或创建自己的内容。一些数字内容是获得许可的,因此它可以免费重新用于教育目的。例如,开放教育资源(OER)和许可计划(如知识共享)为教师提供了广泛的资源。这些数字内容允许教师找到适合自己的课堂和主题的内容,并免费使用它们。有时,数字内容还允许教师自由调整现有资源。如果教师正在创建自己的内容,还应考虑是否要与其他教师分享,例如在相关的 OER 网站上。相关的 OER 网站包括:

- OER Commons(https://www.oercommons.org/)。
- 开放教科书图书馆(http://open.umn.edu/opentextbooks/)。
- 麻省理工学院开放课件在线教科书(https://ocw.mit.edu/courses/online-教科书/)。
- Learningpod(http://www.learningpod.com/)。

5. 用户数量

教师还应该考虑要使用内容的用户数量以及是否有许可要求或使用限制。可以访问内容的用户数量将取决于内容的授权以及其访问类型。一些内容可以由一个或多个人使用，并且，有一些内容，例如基于网络的内容可以被多个人同时使用。

6. 搜索功能

根据内容的类型，教师可能需要考虑搜索功能。在许多情况下，可以搜索数字内容，这样用户可以快速找到所需的信息。教师可以在寻找数字资源时在线搜索建议和评论，例如博客、教师社区、社交网络和教育部门网站等。

5.2 通信工具

概念

可以用于支持和加强教学和学习的另一种 ICT 资源是通信工具。要在教师的教学环境中做出适当的选择，了解一些可用的工具及其功能是非常有用的，包括：

1. 电子邮件

电子邮件是用于在两人或多人之间交换电子文本消息的常用工具。电子邮件通过互联网或其他计算机网络进行交换，可以包含多种格式的文件附件。其他功能包括日历和联系人列表等。

一些常用的电子邮件工具示例包括 Google 的 Gmail 和 Microsoft 的 Outlook。

在教学和学习环境中，教师可以使用电子邮件进行管理，但也可以在教学、学习和评估活动中使用，例如：

（1）向学生或学生群体发送课程内容、资源和提示。

(2) 发送和接收学生的评估。

(3) 与其他国家的学生互相发送电子邮件。

(4) 与家长沟通,例如向家长发送课堂信息和报告。

2. 短信

另一个广泛使用的工具是短信,主要是通过电话网络在两个或多个设备之间交换简短的电子消息。短消息服务(SMS)是指文本消息,而多媒体消息服务(MMS)是指图片、音频和视频消息。

在教学和学习环境中,教师可以使用短信的一些示例包括:

(1) 与家长分享学校的新闻。

(2) 与学生沟通,例如与高年级的学生交流,可用于分享作业、项目和
    任务,以及日常学习技巧等内容。

3. 在线聊天

在线聊天是通过互联网进行通信的一种非常受欢迎的方式。它用于通过互联网在两个或多个人之间实时交换信息。

一些常用的在线聊天工具包括 Apple iMessage 和 Skype 中的即时消息。在教学和学习环境中,教师可以使用在线聊天的一些示例包括:

(1) 帮助学生在项目或文章上彼此合作。

(2) 与同行合作进行研究和探讨专业发展。

(3) 回答学生的问询。

4. 网络会议

网络会议是另一个流行的工具。它用于通过互联网实时交换语音和视频消息。一些网络会议工具通过协作功能得到增强,如屏幕共享、民意测验和调查、交互式白板、录音、日程安排和日历。

一些常见的用于网络会议的工具包括用于学校的 Adobe Connect 9、Blackboard Connect、Cisco WebEx、Citrix GoToMeeting、Google＋Hangouts 和 Skype。

在教学和学习环境中,教师可以使用网络会议的一些示例包括:

(1) 与不同国家的其他课程连接,例如了解地理学或探索其他文化。
(2) 与来自世界各地的演讲者和专家连接。例如,教师可以在语言课程中听到外语专家,或者在体育或地理课程中听到其他专家的会谈。
(3) 学生与其同龄人一起学习或讨论小组项目。
(4) 方便与学生的网络会议。

注意:视频会议是另一种通信工具,传统上具有与网络会议不同的功能,然而,技术的变化使二者的差异越来越小。

通信工具因工具的类型以及它们在教育中如何被许可使用而有所不同。选择通信工具时,了解其主要功能有助于教师选择适合自己的工具。

✓ 延时通信
✓ 实时通信
✓ 全球覆盖
✓ 支持多种格式
✓ 支持多个用户

通信工具的某些重要功能

- **延时通信**

也称为异步通信。为了沟通,不需要人们同时出席。电子邮件和短信是延时通信的例子。

- **实时通信**

也称为同步通信。它需要人们同时出席以便沟通。在线聊天和网络会议是实时通信的例子。

● 全球覆盖

假设有适当的互联网和移动技术,教师可以随时同世界任何地方进行沟通,同时应该考虑使用不同工具所需的访问类型。例如,需要上网才能使用电子邮件、网络会议和在线聊天。

● 支持多种格式

教师应该考虑如何通过文本、语音或视频,以及所有模式的组合进行通信,同时应该考虑是否要共享屏幕和文件。例如,教师可以使用网络会议进行语音和视频通话,并共享屏幕和文件,确保可以选择采用符合自身需求的方式进行通信的技术。

● 支持多个用户

教师要考虑的另一个特点是同时与一个人还是多个人沟通,以及希望如何工作。例如,教师可以使用在线聊天工具进行一对一聊天或分组聊天。使用电子邮件时,教师可以向多个人发送一封电子邮件,并通过在 BCC(Business Cloud Customer)域中输入电子邮件地址来保密。

5.3 在线协作工具

概念

可以以许多不同方式用于支持和加强教学和学习的另一种信息通信技术资源是在线协作工具,有时称为 Web 2.0 工具或社交软件。

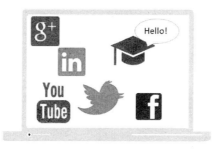

教师可以使用在线协作工具进行协作,以创建或共享内容、评论内容或评估内容,以及搜索相关内容。一些在线协作工具可用于创建在线个人学习组合(PLPs),可以在其中记录个人的学习内容。或者教师可以参加一个虚拟学习社区,有时也称为个人学习网络或专业学习网络(PLN),可以与那些对相同学习目标感兴趣的人进行联系。

教师使用哪些工具以及如何使用它们将取决于许多因素。了解可用的不同工具及其功能是非常有用的,因此教师可以选择适合自己教学环境的工具,包括:

1. 网上论坛

网上论坛是用于人们发布消息并针对主题开展讨论的在线网站。单个对话被称为"线程"或主题,可以由多个人回复。论坛可以被审核或不受管制,可以要求用户注册或允许他们匿名。论坛的工作方式将取决于论坛的目的。

在线论坛可以独立存在,也可以作为学习平台等其他工具的功能。常见的独立论坛包括 Forums.com 和 Lefora。

在教学和学习环境中,教师可以使用在线论坛的一些例子包括:

(1) 在专业发展的背景下,与其他教师讨论兴趣话题。

(2) 设计学习活动,要求学生讨论或辩论他们正在上课的课题——作为学习活动或评估类型。

(3) 学生在项目或作业中相互协作。

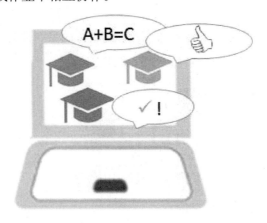

2. 博客（网络日志）

博客是允许用户按时间顺序创建文本输入的在线网站，包括超链接、图像、音频和视频文件。人们可以在不同的博客条目上发表评论。

教师可以创建自己的博客，创建博客的一些常见工具包括 Edublogs、Google Blogger 和 WordPress。也可以在线搜索博客，讨论与教学环境相关的教育主题。有大量关于各种教育课题的博客，包括关于最佳教育在线工具的建议、课程计划、专题信息等。

在教学和学习环境中，教师可以使用博客的一些示例包括：

(1) 创建自己的博客作为个人学习组合（PLP）。

(2) 搜索教育博客，了解可以在自己的教学中使用的方法。

(3) 创建一个课程或基于主题的博客，与学生分享内容和资源。

(4) 创建一个博客，分享课堂新闻、视频和图片。

(5) 设计学习活动，要求学生通过发布内容或评论来创建或分享博客。这可以发展协作、反思和批判性评估。

(6) 可要求创建自己博客的学生用于学习目的或作为可以评估的工作的例子。

(7) 学生为他们的研究信息搜索博客。

3. 微博和社交网站

微博类似于博客，除了消息的长度受限制。例如，Twitter 允许最多 140 个字符的消息，又称为推文，可以发布照片或音频剪辑。教师可以订阅或"关注"某人，从而接收他们的微博更新，也可以使用主题或主题标签进行搜索。另一个常见的微博平台是网站 Tumblr。

社交网站是公共或私人在线网站，允许用户通过分享想法、图片、链接、音频、视频、活动、事件和兴趣与网络中的人沟通。大多数网站要求用户拥有个人资料页面。除了 Facebook、Google 和 LinkedIn 等社交网站，还有专为教育环境（如 TES Connect 和 Edmodo）开发的网站。

在教学和学习环境中,教师可以使用微博和社交网站的一些例子包括:

(1) 通过跟随与教师有关的教育主题的人员发展专业或个人学习网络(PLN),高年级学生也可能会在微博或社交网站中找到有用的东西。

(2) 加入具体的利益集团,加强专业发展。

(3) 创建和分享构建个人学习组合(PLP)的帖子。

(4) 搜索信息。

(5) 与学生分享资源、链接、简短说明或提示,例如在课堂页面上。

(6) 与学生一起进行调查。

(7) 建立学生团体进行沟通,每个学生都能发挥个人的长处。

(8) 与学生和家长以及更广泛的社区沟通班级新闻和活动。

4. 维基

维基是允许用户添加、编辑或删除内容的在线网站,可以包括论坛和跟踪功能。

教师可以创建自己的 Wiki——维基创建工具的一些常见示例包括:Google Sites、PBworks 和 Wikispaces。教师也可以在线搜索维基中与自身的教学环境相关的主题。

在教学和学习环境中,教师可以使用维基的一些例子包括:

(1) 创建个人学习组合(PLPs)。

(2) 作为交付课程资源的方法。

(3) 创建学习活动,要求学生创建个人或组合中的内容。

(4) 在维基中开展研究。

5. 媒体共享网站和社会书签网站

媒体共享网站是用于托管和共享媒体文件(如照片、演示文稿、视频)的在线网站。一些常见的例子包括:

(1) 照片共享:Flickr、Instagram 和 Picasa。

(2) 视频分享:Vimeo、YouTube、YouTube EDU 和 TeacherTube。

(3) 幻灯片共享:幻灯片。

社会书签网站是用于收集、存储、管理和共享链接或书签的网站。

一些常见的例子包括:Delicious、Diigo、Learnist 和 Pinterest。

在教学和学习环境中,教师可以使用媒体共享网站和社会书签网站的一些示例包括:

(1) 查找资源,促进教师专业发展。

(2) 寻找教育内容。

(3) 寻找用于教学资源或学生项目的内容。

(4) 轻松共享内容——例如在社会书签网站上共享阅读列表。

(5) 收集资源用于项目和学习。

选择在线协作工具时,教师应该考虑什么类型的工具将适合其目的,并了解主要功能,同时考虑如何管理教育环境中的各种在线协作功能。

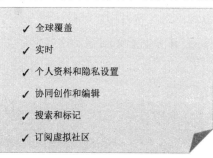

在线协作工具的一些重要特征

- **全球覆盖**

教师将需要访问 Internet 才能使用在线协作工具,可以随时从任何位置访问在线协作工具和内容,同时考虑为适当使用这些工具设置一些规则。例如,如果教师使用社交媒体与学生进行交流,则应该考虑何时可以使用参数,何时希望学生在线,以及账户的目的。

- **实时**

教师应该考虑如何使用这些工具进行协作。通常,可以使用这些工具来实时发布和编辑内容或进行即时交互,并考虑可用性及对学生的期望。

- **个人资料和隐私设置**

教师应该仔细考虑个人资料和隐私设置。通常可以在账户中设置隐私选项,以确定访问级别。在教育背景下,这是特别重要的,因为教师和学生可能希望限制对指定人员的访问。教师还应考虑要创建的配置文件的类型。通常,可以创建独特的配置文件,这有助于搜索并确定收到的建议。教师可能还需要创建一个配置文件来代表班级组,并代表自己的班级发帖,或者每个学生的个人资料都可以单独发布,或者为自己发布个人资料。

- **协同创作和编辑**

教师应该考虑需要哪些内容创建和编辑功能以及如何使用它们,可以单独或在线协作地创建和编辑内容。同一时间,多名学生和教师可以使用相同的工具,并同时处理相同的事情。教师也可以评论别人的内容或帖子,在评论其他学生的个人资料或职位时,应考虑为学生设定课程规则。

- **搜索和标记**

教师应该考虑使用哪种搜索和标记功能对自己有用。通常,可以搜索人物、群组和内容,这对于查找资源和信息非常有用。教师可以在帖子中标记人物、群组和内容,从而便于共享和搜索,并考虑隐私问题。这些也是课堂使用这些功能的最佳方式。例如,学生的个人资料,教师可能不希望他们在开放的互联网搜索中被找到。

- **订阅虚拟社区**

教师应该考虑想要订阅的群组、人物或内容。可以创建个人资料、群组或内容供其他人追踪,还应该考虑如何与学生进行管理。例如,教师有课程资料,且不希望随机的人员订阅您的个人资料,因此需要适当地修改您的设置。

5.4 生产力工具

概念

信息通信技术资源的另一种类型是生产力工具,这些工具被广泛用于提高生产力和效率。这些工具也可以用于内容创建和管理信息。例如文字处理、电子表格、演示文稿和数据库工具(如 Microsoft Office、OpenOffice 和 Google Gsuite)。诸如网络浏览器、网络搜索、概念映射、在线存储和笔记工具等其他工具也可以被描述为生产力工具。

教师如何使用这些工具将取决于个人的教学策略,但也需要了解可用的工具及其可能用于教学和学习的一些可用性。

1. 文字处理

文字处理工具广泛用于撰写、编辑和打印书面材料。它们可以包括文本、图像、超链接、音频剪辑和视频剪辑。

常见的工具包括 Apple Pages、Apache OpenOffice Writer、Google Docs 和 Microsoft Word。

在教学和学习环境中,教师可以使用文字处理工具的一些示例包括:

(1) 创建通信、学校报告、登录表、课程计划。
(2) 创建闪存卡、可打印的工作表、手写练习表、图表、测验、字墙。
(3) 创建学生论文、任务、项目。

2. 电子表格

电子表格通常用于以表格形式组织和分析数据。常见的工具包括 Apple Numbers、Apache OpenOffice Calc、Google Sheets 和 Microsoft Excel。

在教学和学习环境中,教师可以使用电子表格的一些示例包括:

(1) 出勤记录、时间表、工作时间表、预算。

(2) 教授乘数表、数字理论、统计学、创建图表。

3. 演示文稿

演示文稿工具通常用于在幻灯片放映中显示信息。它们可以包括动画、图像、声音和视频剪辑。常见的工具包括 Apple Keynote、Apache OpenOffice Impress、Google 幻灯片、Microsoft PowerPoint 和 Prezi。

在教学和学习环境中,教师可以使用演示工具的一些示例包括:

(1) 为家长、海报、奖励等创建更新。

(2) 创建教学交互式演示、演讲、调查和测验。

(3) 创建演示、项目工作和展示。

4. 数据库

数据库通常用于组织数据集合。常见的工具包括 Apache OpenOffice Base、Filemaker 和 Microsoft Access。

在教学和学习环境中,教师可以使用数据库的一些示例包括:

(1) 存储学生记录和联系人。

(2) 为学生创建参考工具。

(3) 整理学生资料。

5. 搜索引擎

搜索引擎用于在网络上搜索图像、视频、新闻、购物网站等。教师可以在搜索字段中输入关键字进行搜索。常见的工具包括 Ask、Google 搜索、Google Scholar(针对教育)、Microsoft Bing 和 Yahoo! 搜索。

在教学和学习环境中,教师可以使用搜索引擎的一些示例包括:

(1) 信息搜索。

(2) 教师持续专业发展研究。

(3) 教与学活动研究。

6. 概念映射

概念映射工具用于创建概念之间的关系图(也称为思维导图)。常见的工具包括 Microsoft Visio、Mindjet 和 Mindmeister。

在教学和学习环境中,教师可以使用概念映射工具的一些示例包括:

(1) 做笔记。

(2) 头脑风暴。

(3) 作为替代征文。

(4) 作为连接的视觉显示器。

7. 在线存储

在线存储工具用于跨计算机和设备以同步和共享文件,其支持协作创作。常见的工具包括 Apple iCloud、Dropbox、Google Drive 和 Microsoft OneDrive。

在教学和学习环境中,教师可以使用在线存储工具的一些示例包括:

(1) 与多个贡献者合作开展项目。

(2) 存储和管理学生的工作和作业。

8. 笔记

笔记功能用于捕获、组织和查找信息。常见的工具包括 Evernote 和 Microsoft OneNote。

在教学和学习环境中,教师可以使用笔记工具的一些例子包括:

(1) 课程规划。

(2) 合作项目。

(3) 用于捕获白板内容。

选择生产力工具时，教师将需要考虑使用哪种类型的工具来满足自己的需要，并了解其主要功能。更重要的是，教师应该考虑如何管理教育环境中的各种功能。

> ✓ 内容创建
> ✓ 审查和编辑
> ✓ 打印
> ✓ 本地/在线访问
> ✓ 本地/在线存储

生产力工具的某些重要特征

- **内容创建**

内容创建包括插入文本、超链接、图像、动画、音频和视频剪辑等功能。

- **审查和编辑**

审查和编辑通常可以通过插入、格式化和删除信息、检查拼写和语法、输入注释和标记或突出显示来编辑信息。

- **打印**

教师需要考虑打印是否重要，以及需要哪些打印功能。

- **本地/在线访问**

一个重要的考虑因素是教师希望如何访问应用程序。可以从计算机或设备的硬盘驱动器来本地访问生产力工具，也可以在线访问。在线访问的应用程序也可以称为基于 Web 的应用程序或基于云的应用程序。

- **本地/在线存储**

本地/在线存储可以本地存储在硬盘驱动器、内部网络或有时称为"云端"的线上。在线存储便于多人同时访问文件。

5.5 图像、音频和视频工具

💡 概念

图像、音频和视频工具是在教学和学习中具有许多可能用途的信息通信技术。这些工具将取决于许多因素,但教师应该了解可用的工具及其主要功能,以选择合适的信息通信技术。

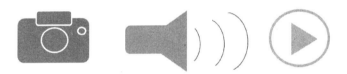

1. 图像编辑工具

这些工具用于编辑各种图像,如照片。通常包括 Adobe Photoshop,适用于 OSX 的 Apple Photos、Google Picasa、Microsoft Paint 和 GIMP 等工具。

在教学和学习环境中,教师可以使用这些工具的一些示例包括:

(1) 创建教学资源。

(2) 编辑实地考察和实验的照片。

(3) 用于学习活动,如编辑图像以用于学生项目。

2. 录音和编辑工具

这些工具用于录制和编辑音频文件。常见的工具包括 Audacity 和 Microsoft Windows Sound Recorder。

在教学和学习环境中,教师可以使用这些工具的一些示例包括:

(1) 创建教学资源,如教育播客。

(2) 教师或学生向演示文稿添加叙述。

(3) 为学生录制音频反馈。

(4) 录制学生对某主题的理解。

(5) 随着时间的推移评估学生的进步。例如,在外语课中录制讲外语的学生或为增强阅读能力录制学生的朗读。这可以用于教师评估和学生评估自己的进步。

3. 视频录制和编辑工具

这些工具用于从头开始创建、编辑和共享视频/电影,并使用现有视频、图像和音频文件以及录制屏幕活动(也称为截屏)。常见的工具包括:电影制作时使用 Animoto、Apple iMovie for Mac 和 iOS、Microsoft Moviemaker、Vine。录幕时使用 Adobe Captivate、Camtasia、Jing、Loom、Snagit。

在教学和学习环境中,教师可以使用这些工具的一些示例包括:

(1) 为学生创建教学视频的录像课。

(2) 使用屏幕播放工具录制屏幕上的软件或应用程序的视频。

(3) 录制网络视频会议。

(4) 学生在学习活动中创建视频,例如创建数字故事以支持识字发展,或者针对各种课程的人员进行面试,或录制表演或演示的学生。

(5) 记录学生随时间的进展,例如在语言技能或音乐技能的形成性评价。这可以用于教师评估和录音自我评估的学生。

(6) 创建包含在学生电子投资组合中的工作。

(7) 录制课堂活动,与学生和家长分享。

4. 媒体播放器

这些工具用于播放音频和视频以及查看图像。常见的例子包括 Apple QuickTime、RealTimes(以前的 RealPlayer)、Windows Media Player。

当选择图像、音频和视频工具时,教师应该考虑什么类型的工具将适合其目的,并了解其主要功能。考虑如何管理教育环境中的各种功能也很重要。

第5课 用于教学和学习的信息通信技术资源

- ✓ 录音
- ✓ 导入文件
- ✓ 编辑
- ✓ 创建多种文件格式
- ✓ 格式
- ✓ 分享

图像、音频和视频工具的一些关键功能

● **录音**

教师应该考虑什么类型的录音功能对其最重要。这可能涉及图像、视频或音频的实时录制。例如,音频工具可用于记录旁白或音乐。

视频工具可用于记录教师和学生活动,用于多种教育目的。教师可以记录一个课程,以便学生在翻转课堂场景观看家庭作业或作为复习工具。学生可以在学习活动中使用视频来记录他们对某一主题的理解,或为项目记录工作。

屏幕播放工具可以用来记录屏幕上发生的情况。教师可以为学生记录关于如何使用软件和应用程序的教程,也可以制作自己的视频来展示技能。

● **导入文件**

教师应该考虑录音的来源,根据所使用的工具,需要导入一些文件才能进行编辑。这可能涉及从计算机或数字设备导入不同类型的文件,如照片、视频和音频文件。

● **编辑**

教师应该考虑编辑文件的级别,哪些工具具有其需要的功能。教师可以通过剪切、复制和粘贴等方式来编辑文件:

图像编辑可以包括裁剪图像、添加文本、旋转图像和翻转图像。

音频编辑可以包括切割、复制、拼接或混合声音,并改变录音的速度或音量。

视频编辑可以包括设置播放选项,例如修剪视频剪辑的开始或结束,将视频分割成两个较小的项目,更改顺序或剪辑,以及更改速度。它还可以自动或手动添加、编辑音乐或叙述以及标题、学分、转变及其他效果。

- 创建多种文件格式

教师应该考虑使用什么工具来播放完成的文件以及所需的格式。根据完成的图像、音频或视频文件的目的,选择不同的文件格式。例如,一些媒体共享站点需要特定的文件格式,而大多数工具导出的为不同的文件格式。

- 分享

教师应该考虑是否要共享完成的文件以及如何共享它们。大多数工具都有通过社交网站、媒体共享网站或电子邮件在线共享文件的功能。这可以用于与课堂分享视频教程,或者与学生和家长分享课堂活动的视频,以鼓励参与和改善动机。

5.6 复习练习

1. 教师如果有兴趣加入一个 MOOC,可以获得更好的职业发展。以下哪一个对 MOOC 的描述比较准确?

    a. 一个在线世界,其中多个用户与头像进行交互。

    b. 在线媒体共享平台。

    c. 对多个参与者开放的在线聊天。

    d. 一个开放给无限数量参与者的在线课程。

2. 下列哪一项最适合学生在家庭作业中实时进行基于文本的对话?

    a. 短信。

    b. 电子邮件。

    c. 在线聊天。

    d. 网络会议。

3. 教师有兴趣了解其他教师如何整合技术到自己的教学实践,那么最有可能使用以下哪种在线工具？

   a. 一个模拟。

   b. 一个社交网站。

   c. 一个组合。

   d. 一本电子书。

4. 班级最有可能使用下列哪一种工具编写一篇文章？

   a. 文字处理软件。

   b. 录音软件。

   c. 视频录制和编辑软件。

   d. 概念映射软件。

5. 教师想创建一个教程讲解如何使用软件应用程序。以下哪一种是捕获屏幕上活动最合适的工具？

   a. 录音软件。

   b. 视频录制和编辑软件。

   c. 数据库软件。

   d. 图像编辑软件。

第 6 课

课 堂 技 术

完成本课学习后,您应该能够:
- 了解交互式白板的概念,并概述其主要功能
- 了解数字投影仪在教室中的用途,并概述其主要功能
- 了解数字视觉效果器在教室中的用途,并概述其主要功能
- 了解屏幕共享工具的概念,并概述其主要功能
- 识别用于教学、学习和评估的设备,以支持创建和使用图像、音频和视频文件,并支持通信和在线协作
- 了解移动学习的概念,并概述移动设备的关键特性
- 了解术语1:1计算和自带设备(BYOD)

6.1 交互式白板

💡 概念

交互式白板是教师可以在课堂中使用以支持和增强教学的众多技术之一。交互式白板是一种交互式显示技术,可与传统黑板或白板一起使用,也可与其结合使用。它通常包括一个大型壁挂式白板,与电脑和数字投影仪一起显示电脑屏幕上的内容。教师可以使用电子手写笔或手指与计算机进行交互,与白板上的图像进行交互。

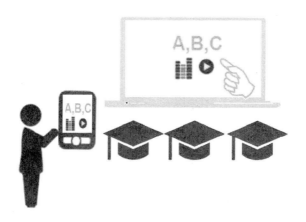

交互式白板随机附有应用程序/工具,主要是一些现成的教育资源和教师支持工具,还有在线社区与交互式白板进行资源共享。

交互式白板供应商包括 Promethean、SMART Technologies、Mimio、eInstruction、TeamBoard。

应用程序/工具和学习资源通常针对教师使用的交互式白板品牌。虽然有一个通用的文件格式(.*iwb),它可以实现一些内容的互操作性,但并不能在所有产品中实现。在购买资源之前,教师应该检查它们是否与交互式白板兼容。诸如 Promethean(ClassFlow)和 SMART Technologies(SMART amp)等供应商的基于云的软件旨在解决互操作性问题,并使用平板电脑和智能手机等设备来使用交互式白板。

有关教室中如何使用交互式白板的一些例子包括:

(1) 查看网站并在互联网上搜索信息。
(2) 使用现成的或教师创建的学习内容和互动活动。
(3) 在课程中记笔记并保存以供将来使用。
(4) 用于注释网页、图像等。
(5) 用于将手写文本转换成电子文本。
(6) 演示软件是如何工作的。
(7) 记录屏幕活动并捕获屏幕。
(8) 显示视频和视频剪辑。
(9) 分享和评估学生在课堂上的工作。

有许多不同类型的交互式白板,但通常大多数交互式白板包括类似的关键功能。用户应该在您的文件中选择重要的内容进行交互。交互式白板的功能可以大致分为如下几种:

- ✓ 全班级演示
- ✓ 互动
- ✓ 两个或多个用户
- ✓ 屏幕录制
- ✓ 注释
- ✓ 记笔记
- ✓ 手写识别
- ✓ 交互式创作
- ✓ 设备集成

交互式白板的一些重要功能

可以使用交互式白板进行全面的显示和交互,也可以从连接的设备查看应用程序/工具、网站、图像和视频并进行交互。

可以同时与两个或更多的人一起使用。教师可以划分屏幕,以便每个学生都有属于自己的部分,可以从平板电脑等设备远程控制。或者教师也可以为学生提供自己的一套工具,这些工具可以在所有或部分白板上工作。

可以使用交互式白板进行屏幕捕获和录制,还可以拍摄应用程序/工具、网站、图像、视频的截图,并且可以记录屏幕活动。

可以用于注释,在许多情况下,交互式白板有手写识别功能,教师可以使用笔或荧光笔工具在屏幕上标记笔记或突出显示某些部分。其他工具包括屏幕色调、定时器、相机和屏幕键盘。交互式白板的另一个关键特征是交互式创作。教师可以使用各种创作工具创建自己的资源,例如文本、形状、荧光笔、笔、聚光灯、拖放工具以及内置的剪贴画、学习对象、视频和声音、页面和背景,还可以嵌入视频剪辑、文档和网页。

可以将其与其他设备(如平板电脑、学生响应系统(LRS))和文档摄像机集成在一起。教师和学生可以使用无线平板电脑从室内任何地方操作交互式白板。学生可以使用学生响应系统(LRS)来回答移动设备上的无线手机/点播者或应用程序的问题,结果可以显示在交互式白板上。这可能是评估学生进步的有吸引力的方式。教师还可以使用数字可视化仪/文档摄像机在交互式白板屏幕上显示物体的静止图像或视频。

6.2 数字投影仪

💡 概念

数字投影仪广泛应用于教育,通过计算机屏幕或设备显示正在发生的任何事情,供大家查看,包括短投影仪和超短投影仪以及长投影仪或便携式投影仪。短投和超短投影仪安装在靠近图像投影到的屏幕或墙壁上的人的上方,这可以减少阴影效应、屏幕眩光以及由演示者观察投影仪光束可能引起的眼睛损伤。

在课堂上如何使用数字投影仪的一些例子包括:

(1) 对于概念、教育资源、视频进行指导或演示。
(2) 在班级中展示学生的作品。
(3) 教师可以从室内任何地方使用无线平板电脑与数字投影仪连接。
(4) 教师可以从教室的任何地方使用无线鼠标和键盘与屏幕图像进行交互。
(5) 教师可以在屏幕上的房间中使用数字可视化仪/文档摄像机显示物体的静态图像或视频。
(6) 可以用作投影屏幕,以提高交互性。

6.3 数字可视化器

概念

数字可视化器,也称为文档摄像机,可用于课堂教学,它是一个数字照相机,安装在刚性或柔性臂的末端,其基座中具有控制功能。当与数字投影仪或电脑显示器一起使用时,它允许教师和学生在屏幕上向整个课堂显示物理对象。

在课堂上使用数字可视化器的一些例子包括：

（1）在屏幕上向全班级显示诸如文字、图像、物体、生物等物理对象。

（2）向全班级展示技术，如写作或穿针引线。

（3）向全班展示学生作业。

（4）用于捕获可以再次观看的图像和视频，包括捕获延时视频以跟踪一段时间内的变化。

（5）如果电脑连接到交互式白板，则可以注释数字显示器捕获的图像。

数字可视化器的主要功能包括：

（1）物理对象的显示。

（2）放大对象。

（3）图像捕获和存储。

（4）视频拍摄。

（5）与其他设备（如数字投影仪、电脑、交互式白板）集成。

6.4 屏幕共享工具

概念

屏幕共享工具是可用于在一个或多个计算机或设备上共享屏幕或通过网络实时访问另一个屏幕的工具，有许多不同的屏幕共享解决方案可用，相应的解决方案将取决于所使用的计算机和设备以及网络设置。

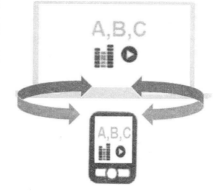

有关如何在教室中使用屏幕共享工具的示例包括：

（1）与学生分享不同类型的学习资源。
（2）通过将屏幕上的内容镜像到全屏显示屏幕来显示教师正在进行的设备上的操作。
（3）与全班共享学生的屏幕，让他们分享自己的想法和作品，从而提高学生的学习动力。
（4）从远程位置查看学生在设备上的工作情况，有助于形成评估，并确保学生正确使用设备。
（5）可通过教师的设备控制学生设备。
（6）移动设备的屏幕共享解决方案使教师和学生能够移动，并仍然共享移动设备的屏幕，以便在课堂上可以转移到最佳位置。

屏幕共享工具的主要功能包括：

屏幕共享工具的一些关键功能

教师可以实时共享屏幕，可以在个别学生的屏幕上或全班显示屏幕（如白板、互动显示屏或高清电视）上显示教师的屏幕。还可以在屏幕上查看学生的屏幕，以便监控他们的进度。或者可以在全班显示屏幕上显示学生的屏幕，将学生的作业显示给整个班级。这是一种给学生积极反馈和鼓励的好方法。

教师可以有多个连接，可以使用多个共享屏幕，以便整个班级或一组学生可以同时在其各个设备上查看屏幕。学生的屏幕也可以在多个屏幕之间共享，以便他们可以与班级的其他人分享他们的作业。

教师可以立即在设备之间传输文件,包括音频和视频。

教师还可以远程控制学生的设备,以便帮助学生进行学习。

6.5 图像、音频和视频设备

概念

要创建、编辑和使用图像、音频和视频文件,则需要某些类型的设备,所需的设备类型将取决于教师的个人设置。

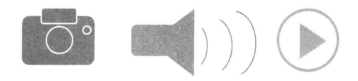

教师可以使用电脑,包括台式电脑、笔记本电脑、上网本和平板电脑。这些工具可能具有集成的摄像机和录像机,可用于录制、编辑和查看以及收听和观看文件。

教师也可以使用独立录音设备,包括独立的图像、视频和音频记录设备,如数码相机、数字录像设备和录音机。

为了播放多媒体文件,教师可能还需要一个媒体播放器。媒体播放器是用于播放音频和视频文件(如 MP3 播放器和 iPod Touches)的设备。

如果要扫描文件,则需要扫描仪。扫描仪可用于扫描基于纸张的文档,如学生照片或艺术品,可用于创建多媒体内容。

如果录制音频,则需要一个麦克风。麦克风用于录制音频,如叙述、音乐和声音,用于多媒体内容,如幻灯片、视频,可以独立或集成在设备中。

如果教师正在听录音,则需要使用扬声器或耳机。

根据所使用的设置,教师还需要使用适当的连接电缆连接各种设备。

6.6 通信和协作工具

 概念

有时,教师还需要某些设备来使用通信和在线协作工具,例如视频通话。

如果计算机或设备没有集成摄像头、内置麦克风、内置扬声器,教师将需要一个网络摄像头、内置麦克风、内置扬声器才能启用视频通话。

在教室环境中,如果呼叫需要隐私,或者想要减少别人的噪音,可以使用耳机。如果通话中只有一名学生,也可以使用耳机。

根据所使用的设置,教师将需要使用适当的连接电缆来连接各种设备。

6.7 移动学习

 概念

移动学习可以被描述为使用移动设备通过使用 Wi-Fi 或移动宽带来随时随地学习。学习可以在教室或教室外进行。例如,学习可以发生在学校的实地考察中、家里和旅途中。

支持移动学习的移动设备有时被称为个人学习设备,包括:
- 电子书阅读器。
- 笔记本电脑。
- 上网本。
- 平板电脑。
- 智能手机。
- 便携式媒体播放器。

不同的移动设备可能具有不同的连接到互联网的能力。如上所述,使用移动设备连接到互联网的两种主要方式是:无线网络连接——这是通过无线网络的连接;移动宽带——这是通过手机网络的连接。

通常,智能手机可以通过Wi-Fi或移动宽带连接到互联网,因此可以随时从任何地点进行连接。来自移动网络提供商的服务可能需要额外的费用,并且可能是昂贵的。

通常,平板电脑通过Wi-Fi访问连接到互联网,并不是所有的平板电脑都可以通过移动宽带连接到互联网,所以平板电脑在Wi-Fi热点之外可能无法连接到互联网。教师仍然可以查看存储在设备上的内容,并在没有Internet连接的情况下使用许多应用程序。

1. 使用移动设备进行教学和学习

移动学习有很多优势,可以改善学生的学习方法,提高学习成绩。

- 移动设备可以支持新的学习方式,例如以学生为中心和个性化学习,以及即时学习和即时评估。
- 教师可以在各种在线应用商店中为学生选择合适的应用和内容。

- 移动内容具有互动性和吸引力,可以帮助学生更深入地了解学科。
- 移动设备有助于提高学生的动力和参与度。
- 教师通过使用可以提高学习积极性和吸引力的移动设备设计学习活动。例如,学生可以使用他们的移动设备协同创建多媒体项目。
- 教师可以使用移动设备创建交互式内容和课程。
- 学生可随时随地从移动设备中访问移动课程。

2. 主要特征

移动设备具有类似的功能,如灵活和便携,但也有差异。决定哪个设备适合取决于个人的教学、学习和评估需求。要进行适当的选择,了解移动设备的一些主要功能可能会对教学有所帮助。

移动设备的某些重要功能

● **屏幕尺寸**

教师应该考虑适合的屏幕尺寸。屏幕尺寸较小的设备通常更便携,更大的屏幕尺寸使内容更容易查看,因此它们对于团队工作更有用。例如,智能手机通常对一个学生有用,而平板电脑和笔记本电脑可用于成对或团队工作。

● **输入选项**

教师应该考虑如何与设备进行交互。具有触摸屏(如智能手机和平板电脑)的设备易于使用,然而触摸屏不便于大量的文本输入和编辑,这对于完成项目工作来说可能很重要。通常可以在平板电脑中添加外部键盘,但笔记本电脑和上网本已经集成了外部键盘,这对完成任务的高年级学生更有用。

● **启动速度**

教师可以立即启动平板电脑,这意味着可以立即使用。笔记本电脑和上网本通常需要更长时间才能启动,所以如果速度很重要,那么平板电脑是个不错的选择。

● **电池寿命**

教师应该考虑电池寿命的重要性。平板电脑通常具有比笔记本电脑或上网本更长的电池寿命,并且通常持续工作一整天而不需要再充电。

● **集成功能**

智能手机和平板电脑通常具有集成的前置摄像头、后置摄像头和录像机。这些可以用于多种教育目的,例如在实地考察中拍照、录音采访和视频通话。网络摄像机通常集成到笔记本电脑和上网本中,可用于制作视频、视频通话和捕获屏幕上的活动。笔记本电脑和上网本还通常具有集成的 DVD/CD 播放器,如果资源无法在线获得,这可能是有用的。由于这些额外的集成功能,笔记本电脑和上网本不像智能手机和平板电脑那样便于携带,因此它们对于实地考察是不太方便的。

● **操作系统**

来自不同提供商的笔记本电脑和上网本通常运行 Microsoft Windows 或运行 OSX 的 Apple MacBook。

● 应用程序

一般来说，智能手机和平板电脑运行内容创建和生产力应用程序的 Web/云端版本，如 Google 应用程序、Microsoft Office 和 Apple iWork 应用程序。智能手机和平板电脑还运行独立的移动应用程序，可从相关在线应用商店下载。还有许多电子书（小说、教科书、参考书等）、教育应用程序和可用于不同科目和教育水平的内容，其中许多是免费的。

教师应该用与所有其他教育资源相同的方式评估应用程序，以确保它们适合课程、学生年龄和技能水平以及与设备兼容。

● 存储

智能手机和平板电脑文件大多在线存储，也称为云存储，或通过将文件传输到外部存储设备（如外部硬盘驱动器）。笔记本电脑和上网本可以使用在线存储，但它们也具有较大的硬盘容量，因此可用于在本地存储学生的文件。

● 文件组织

在教育环境中，文件组织是一个重要的考虑因素，特别是当多个学生使用相同的设备来创建和存储他们的学习资料。

6.8 在教育环境中使用移动计算机的方法

概念

当计划在教育环境中使用移动设备时，可以考虑以下几种方法：

● 1∶1 计算

1∶1 计算方法可以描述为一种方法，其中学校通常为每个学生和教师提供电子设备，如台式电脑、笔记本电脑、平板电脑、上网本、媒体播放器或智能手机。

- **自带设备**

自带设备(BYOD)方法可以被描述为学生在学校使用自己的个人电子设备进行1∶1计算场景的方法。

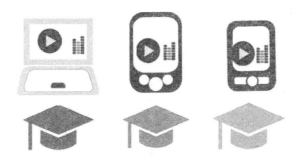

在教育环境中实施移动计算解决方案时,您应该考虑如何管理与学校网络和设备的连接,以及如何将应用程序和内容分发到不同的设备。

1∶1计算方法为学校提供了对设备管理的更多控制。然而,自带设备(BYOD)方法可能使学生更容易绕过在学校期间阻止他们未经过滤访问互联网的机制。

自带设备(BYOD)方法允许课堂作业在家里完成,也可以证明是更具成本效益的,特别是如果学校已经拥有良好的网络基础设施和无需升级的Wi-Fi。

另一方面,一些已经担心学生在移动设备上花费太多时间的父母可能不欢迎学校推出自带设备(BYOD)策略。

6.9 复习练习

1. 最近在课堂上安装了一种交互式白板。以下哪一个是与您的班级一起使用的最有效方法？

    a. 用于与一个正在努力掌握概念的学生进行一对一教学。

    b. 用于供学生使用完成总结性评估。

    c. 用于供学生使用小组完成项目。

    d. 通过整个班级的在线教程进行工作。

2. 从下列选项中选择最适合将教师电脑上的视频显示到全班级的设备？

    a. 打印机。

    b. 扫描器。

    c. 数码投影仪。

    d. 数字可视化器。

3. 从下列选项中选择最适合通过数字投影仪将一片叶子放大显示到整个班级的设备？

    a. 扬声器。

    b. 打印机。

    c. 麦克风。

    d. 数字可视化器。

4. 学生在平板电脑上独立工作，教师想将一个学生的作业展示给全班同学。以下哪一项是此任务最合适的工具？

    a. 屏幕共享工具。

    b. 博客工具。

    c. 消息工具。

    d. 电子学习工具。

5. 选择下列最适合录制科学实验视频的设备？

    a. 扫描仪。

b. 打印机。

c. 数码相机。

d. 数码投影仪。

6. 完成学生和专家远程会话或召开网络会议所需的设备清单：

7. 列出在选择信息，通信技术进行教学和学习时应考虑的移动设备的 4 个功能：

_____

_____

_____

_____

8. 将正确的术语与以下选项进行匹配：

a. 在_____计算方法中，学校通常为每个人提供电子设备。

b. 在_____计算方法中，学生在学校使用自己的个人电子设备。

第 7 课

信息通信技术资源评估

完成本课学习后,您应该能够:
- 识别可用于支持和加强评估的屏幕评估工具,并概述其主要功能
- 识别可用于支持和加强评估的电子调查/投票工具,并概述其关键特征
- 确定可用于支持评估管理的工具,并概述其关键特征
- 了解电子投资组合以及如何支持和加强评估
- 确定支持使用电子投资组合的工具,并概述其关键特征
- 了解信息通信技术如何支持和加强协作评估

7.1 屏幕评估

概念

有很多信息通信技术资源可用于评估。有一种类型的数字评估可以描述为屏幕评估,它是指由计算机或设备传递和标记的评估。

屏幕评估可用于诊断评估,以确定学生在某个时间点的理解水平。它可以用于形成性评估,以确定学生在某个时间点的进度,也可以用于学生的自我评估或教师的评估。屏幕评估可以为学生提供个性化的反馈,包括课程资源,可以使学生自我纠正,也可以用于总结性评估,以确定是否已经达到了学习成果。

评价工具是否恰当取决于许多因素,包括教师、学生和课程需求。屏幕评估工具的一些示例包括:

1. 基于计算机的测验/测试

包括在学习平台或独立工具以及现成的测试库中的测验创建工具(也称为问题编写工具),还包括立即和个性化的反馈。

基于计算机的测验/测试工具包括:

- 热土豆;
- 测验;
- 考试时间;
- Testmoz;
- Quibblo;
- 混合空间;
- 社会性;
- Kahoot;
- Google 表单;
- QuizWorks;

● 拼图。

2. 互动游戏、模拟、虚拟世界

这些在真实的模拟环境中提供无风险的现实技能排练。

选择屏幕评估工具时,教师应该考虑主要功能因工具而异,但大多应该考虑以下几点:

● 屏幕评估涵盖的多种问题类型,从多选题到复杂的模拟问题,教师应该选择适合您的屏幕评估类型和问题类型,包括图形、动画、模拟、音频和视频。

● 支持自动标记和结果管理,这提高了标记的一致性,包括整理、存储、显示和分析结果,这可以减少教师在手动标记方面的工作量。

● 学生的体验类型和在屏幕评估中可以评估的广泛的技能。在某些类型的屏幕评估中使用模拟和现实世界环境可以为学生提供真实的评估体验。

● 支持立即和个性化的反馈。针对学生的反馈可以帮助教师和学生立即识别和纠正任何问题,它向学生和教师提供学生学习水平的信息。

● 共用和分享功能。一些技术允许多个学生进行相同的评估,并使学生重复相同的评估来练习技能。而分享功能可让教师轻松地在线分享评估资源,例如在线教学团体。这意味着教师可以在线搜索和查找相关评估,从而减少工作量。

● 如何访问屏幕评估。根据工具不同,它们可以作为独立应用程序本地访问,也可以通过 Internet 或学习平台在线访问。

7.2 调查工具

概念

电子调查和响应系统可用作收集回答问题的评估工具,它们可以支持不同的学习方法,如诊断和形成性评估,为教师提供一种在特定时间点确定一组学生进度的方法。它们不直接向学生提供反馈意见,但可让教师立即提供反馈意见,并使教学实践适应学生。它们还支持学生参与和自我评估。

教师可以使用**在线调查工具**来创建和进行与学生的调查。学生可以通过计算机和设备进行回应,其中一些类型通过手机接收文本或通过 Twitter 回复。示例包括 SurveyMonkey、Google Forms 和 Poll Everywhere。

教师还可以使用**电子投票系统(EVS)** 在课堂上询问一组学生的问题。通过按下手持响应设备(称为答题器或响应者)的按钮来回答教师的问题,结果可以转换成图表并显示在屏幕上。例如 Promethean ActiveExpression、SMART Response PE 和 TurningPoint。越来越多的这些硬件解决方案被平板电脑和其他移动设备(如 Socrative)或新的基于云的协作学习平台(如 Promethean ClassFlow 和 SMART amp)运行的软件/应用程序所取代。

选择测量工具时,教师应该考虑其关键功能,包括:

- 是否要实时进行调查。可以在课堂上使用电子投票系统**实时**进行调查,或者可以使用在线投票工具,通过短信或通过网站提交响应。也可以使用在线投票工具来收集学生在课余时间内的回复。

- 想进行调查的地方。可以通过正确的设备和互联网连接在世界上任何地方进行访问,因此便于移动评估,而电子投票系统是基于课堂的。

- 支持的不同问题格式。通常电子响应系统支持多项选择题。而在线投票工具支持公开的文本问题和多种选择问题类型。

- 测量工具如何支持结果的管理和显示。大多数测量工具提供可以与整个班级或一组学生共享的结果的管理和显示。

7.3 评估管理工具

概念

有许多通用和具体的教育工具可用于帮助评估过程的管理。教师可以使用它们来管理以下任务:

- 评估分配。
- 由学生提交评估。
- 评估标记。
- 存储结果。
- 分享结果。

在评估过程中有帮助的通用产品包括办公软件。例如,**电子表格**可用于记录、存储和分发结果,**数据库**在表格中记录和存储结果并创建评估报告,**电子邮件**分发评估和结果,学生可以使用电子邮件提交。

有助于评估过程的特定教育工具包括**学习平台**。这些可用于安排和管理提交;标记评估;整理、记录、存储和分发结果。包括 Moodle、itslearning、Fronter、Blackboard Learn 和 eFront。

可以使用**自动散文标记工具**自动标记文档。这些类型的工具使用文本的统计分析,可以使用它们进行形成性评估,为学生提供个性化的反馈写作能力,还可以使用它们来标记求和评估。

还可以使用**剽窃预防工具**来检查学生作业的原创性。这些工具使用算法将文档与数据库中存储的其他文档进行比较。数据库可能包含来自互联网或学术机构的其他学生的论文和内容。剽窃预防工具可用于形成性评估,以显示学生如何避免剽窃和提高他们的写作能力。它们也可用于总结性评估,以检查剽窃内容。例如 Turnitin(供教师使用)、Writecheck(供学生使用)。在某些情况下,它们可以与学习平台集成,以便教师可以在提交时自动检查学生的作业。

7.4 电子投资组合

概念

电子投资组合也称为数字投资组合,是可用于评估的另一种信息通信技术资源。它是由学生创建的电子数据的集合,用于记录他们的学习和成就。学生可以用电子投资组合来表现和呈现学习结果,并反思如何实现结果的过程。

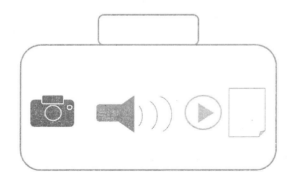

教师可以使用电子投资组合进行不同类型的形成性评估。例如,学生可以写博客发帖子或录制音频或视频片段,并反映他们正在进行自我评估的作业。此外,教师和学生可能会在其博客的评论部分评论他们的作业,从而提供同行和教师评估。

电子投资组合也可用于支持不同形式的总结性评估。例如,学生可以将他们的作业组织成一种格式,例如可以呈现评估或展示他们学习的演示文稿。

支持电子创建/数字组合的工具包括:

- 独立的电子投资组合系统,其中包含所有需要的工具,如 Mahara。

- 用于特定任务的通用工具,如图像、音频和视频创建工具,以及诸如博客的社交媒体工具。

当选择电子投资组合和适当工具的方法时,教师应该考虑功能将因工具而异。

- 如何让学生使用该工具来获取学习和反思学习的数据。教师可能希望学生能够将一篇文章包含在单词文档中、或学生创作的电影中。

- 是否可以支持多种格式。教师可能希望学生能够以多种格式(如文本、超链接、图像、动画、音频、视频和博客条目)捕获和创建他们学习的数据。教师可能希望学生能够以可以呈现或展示为评估或职业目的的格式选择和组织学习数据。

- 存储类型——计算机或设备上的本地存储、学校网络上的存储或在线存储或其组合。电子投资组合可以像存储在学校网络上的文件夹中的几个文件一样简单,也可以是在线存储文件的集成系统的一部分。学生在离开学校后可能希望访问和更新他们的电子邮件,所以信息存储非常重要。

- 对修订的支持。通常学生需要更新他们的作业,这是终身学习的重要特征。学生在离开学校后可能希望访问和更新他们的投资组合,作为向继续教育机构或未来雇主学习的证据。

- 如何支持访问控制。在某些系统中,学生的作业可以在学校或由学生进行管理。

- 协作功能的重要性。一些电子投资组合系统通过评论或协作编辑来实现协作。

7.5 协作评估

💡 概念

协作评估是多个人对学生工作的评估。这项工作可以是个人评估,也可以由教师、其他学生(同行评估)、家长、行业专家和学生自己(自我评估)等多个人评估。协作评估可以促进学生的学习。

- 发展学生对学习成果和评估标准的认识。
- 使教师查看学生的学习进度。

信息通信技术可以通过提供使多人能够评估学生工作的工具来支持协作评估。用于支持协作评估的工具包括在线协作工具,如博客工具和社交网络工具。他们有助于多个人能够通过使用评论来查看学生的工作并提供反馈。

7.6 复习练习

1. 教师正在网上搜索一个可以给学生使用的有趣的小测验。您最有可能使用以下哪一项?
   a. 一个在线视频。
   b. 在线聊天。

c. 互动游戏。

d. 一本电子书。

2. 列出在选择合适的调查工具时应考虑的 4 个功能：

   _____
   _____
   _____

3. 列出可用于评估管理过程的 3 种工具：

   _____
   _____
   _____

4. 教师决定使用电子投资组合作为评估策略的一部分，并希望将其介绍给学生。以下哪一个是最好的描述？

   a. 一份显示进度的考试结果的电子记录。

   b. 一份存储在教室文件夹中的拷贝记录。

   c. 一个与父母分享班级新闻的网站。

   d. 一份可以更新和共享学生作业的电子记录。

5. 以下哪一项最适合支持协作评估？

   a. 数据库工具。

   b. 演示工具。

   c. 社交网络工具。

   d. 电子测量工具。

第8课

查找和评估信息通信技术资源

完成本课学习后,您应该能够:

- 确定信息通信技术资源的来源
- 使用系统的方法(如评估矩阵)了解信息通信技术资源评估的重要性
- 了解严格评估数字内容对教师和学生的重要性
- 了解用于教育的数字内容的适当评估标准
- 了解用于教育的应用/工具的适当评估标准
- 了解版权、知识产权、剽窃和知识共享许可等术语
- 了解确认来源并获得数字文本、图像、音频和视频的使用许可的必要性
- 了解使用授权软件的重要性
- 列出软件许可证类型:最终用户许可协议(EULA)、多用户许可证、开源软件、共享软件、免费软件
- 评估信息通信技术资源,以确定其在支持和加强教学、学习和评估方面的有效性

8.1 查找适当的信息通信技术资源

概念

信息通信技术资源有很多来源和提供者,教师应逐步建立适合自己教学需求的信息通信技术资源列表。为此,教师需要知道信息通信技术资源的主要类型和来源。

1. 信息通信技术教育资源

信息通信技术教育资源是信息通信技术资源的一种类型,它由专门用于教育的应用和工具以及数字内容组成,其中包括学习平台和课堂管理技术、数字教材、视频、互动内容、模拟和数字讲座等。

信息通信技术教育资源的一些来源包括:

- Moodle;
- Google Play for Education;
- Pearson;
- Houghton Mifflin;
- Promethean;
- SMART Technologies;
- Discovery Education;
- BBC Learning;
- TED-Ed;
- 各在线应用商店中的提供商。

2. 在线参考网站

信息通信技术资源的另一种类型是数字参考材料。信息通信技术参考材料有一个很好的来源,即在线参考网站,包括能够提供地图、百科全书、字典、新闻、文化资源、图书和期刊的网站。

参考站点的一些示例包括:

- 不列颠百科全书网站;
- 维基百科;
- Encyclopaedia Smithsonian 网站;
- The National Geographic Mapmaker;
- Perry-Castañeda Library Map Collection;
- Google 地图;
- 传记网站 bio.com;
- 韦伯词典和同义词在线网站。
- 哥伦比亚电子百科全书在线(第六版);
- 柯林斯的在线字典和同义词典;
- Europeana;
- Google 学术;
- Google Books;
- 美国数字公共图书馆;
- 开放获取期刊目录;

3. 社交媒体网站

社交媒体网站是信息通信技术资源的重要来源。有许多论坛、博客、微博、社交网络、媒体分享网站和社区书签网站,以及以教育为主题的网页和论坛。教师可以使用这些网站查找和分享信息通信技术教育资源,也可以加入相关组织并成为相关学习社区的一部分。

教师可以在 Facebook、Twitter、LinkedIn、Instagram、Pinterest 和 YouTube 等网站上搜索相关人员、组织和主题。例如,YouTube 上有专门的教育频道,如 YouTube EDU,里面整理了最好的教育视频。教师还可以加入专门为教育者设计的网站,如 TedEd。

4. 专业团体网站

信息通信技术资源的另一个来源是教育专业团体主办的网站。教师可以搜索相关的专业团体网站。例如,Historiana 是由欧洲历史教育家协会 EUROCLIO 开发的一个网站。

5. 教育部的门户网站

教育部提供的门户网站可以作为信息通信技术资源的重要来源。这些网站可以为教师提供针对所在国家的教育资源。在许多情况下，它们所提供的都是推荐的采用知识共享协议的免费资源。

6. 开放教育资源(OER)资源库

还有一个很好的信息通信技术资源的来源，那就是开放教育资源(OER)资源库。这些网站整理并存储可免费使用的教学、学习和评估的教育资源。有时这些资源的知识产权许可证会允许其他人对其进行改编或重新改动。

OER 存储库的一些示例包括：

- 欧洲学校网络学习资源交换；
- OER Commons；
- 可汗学院。
- TES Connect；
- 麻省理工学院开放式课件项目；

7. 通用应用

信息通信技术资源的另一种类型是通用应用——例如，可用于执行很多任务的工具和内容创建工具。部分常用的教育通用应用包括：

- Microsoft 提供的 Microsoft Office；
- Google 提供的 Google Gsuite 和 Google Apps for Education 套件；
- Apple Inc. 在 OpenOffice 中提供的 iWorks、Apache；
- Adobe 提供的产品套件。

8. 定制开发

在教师的课程中使用信息通信技术资源的另一种方式，是创建自己的信息通信技术资源(用户生成的内容)，例如视频、可打印的工作表和 IWB 资源。在更高层面上，定制开发可能涉及机构委托创建的自定义资源，如满足其特殊需求的课程表或课程内容。

8.2 评估信息通信技术资源

概念

当教师开始搜索合适的信息通信技术（ICT）资源时，可能需要选择能够改善课程、学生学习体验和学习成果的资源。为此，教师需要选择准确可靠的内容。

但是，选择合适的资源有时似乎颇具挑战。要确定合适的资源，需要浏览海量内容，而且需要做出很多决定。有时候需要判断内容的来源是否准确可靠，尤其是在网上搜索时。

有许多网站、博客和社交媒体帖子都在试图分享不准确的信息，以误导人们，从而进一步推动其主张或获得经济利益。谎言网站、假消息网站和帖子内容都被编造得和真实的一样，实际上却是伪造的。此外，还有网站和帖子使用错误和不准确的信息来诱导读者，从而为特定观点提供支持。因此，对教师和学生而言，始终批判性地评价在线内容非常重要，它可以保证内容来源可靠并且可以信任。

为了选择合适、有效和值得信赖的信息通信技术资源，教师和学生应始终使用以下方式评估资源：系统的方法；一套明确的评估标准。

1. 系统的方法

在评估信息通信技术资源时，应该采取系统的方法。评估过程应该在课程计划阶段开始的一段时间内。在使用资源后，应该再次评估，以决定其是否有帮助、您是否会再次使用该资源、您是否推荐给别人。

系统地评估信息通信技术资源的一种方法是使用**评估矩阵**。评估矩阵用于根据指定的标准评估多个选项。当需要进行重大技术投资时，例如在选择学习平台或产品套件时，评估矩阵非常有用。教师可以在线查找许多预定义的评估矩阵，也可以根据自己的需要创建一个。

不过,如果教师没有时间完成详细的评估矩阵,也可以选择在课堂上使用的数字内容或应用。

关键是要花时间仔细评估信息通信技术资源,以确保它符合您的标准,然后才能开始使用它。

2. 一套明确的评估标准

数字内容和应用程序有多种不同的评估标准,由各国家机构、教育部和专业组织界定。教师应该查阅所在国家、地区或学校的建议标准,并批判性地考虑适合自己需求的标准。

评估数字内容的一些典型标准包括:

- **准确性**

教师应该考虑内容的准确性和正确性。准确性是指数字内容的正确和真实程度,可以通过提供的引用、脚注或书目的错误程度确认。若其中信息已经由其他在本领域具有相似能力的人员进行审阅或引用,也可以引入同行评审。

- **适应性**

内容可否根据教师的教学目的来修改。

- **适当性**

内容是否适合课程和学生?适当性是指数字信息适合特定需求的程度。具体方法为,评估信息的内容和格式是否适合课程目标、教学、学习和评估策略以及学生的年龄、能力、语言、文化和特殊需求。就格式而言,需考虑使用什么类型的媒体格式,如文本、图像、视频、动画、模拟等,以及这些格式是否合适。

- **版权**

是否存在与数字内容相关的版权?该内容可否用于教育,或简单修订/修改后即可用于教育。

- **成本**

数字内容的成本是多少?成本是指信息是免费还是收费的。

第8课　查找和评估信息通信技术资源

- **覆盖范围**

内容完整性如何？覆盖范围是指数字内容在多大程度上适用于其目的，可以通过信息的深度来确定。具体判断依据为历史参考文献、国际参考文献以及其是否是总结信息或完整信息。

- **可信度**

内容有多可信？必须对内容进行批判式评估，以确保来源的可靠性。可信度是指数字内容出自权威来源并具有良好声誉的程度，可以通过作者的信誉以及出版商的信誉来判断。在线信息可能有偏见，而且未必总是可靠或真实的。信息可能是特定议程的一个步骤——例如可能是一种广告形式，也可能是出于推广政治或宗教意识形态的目的。如果出版商是匿名的，则表明内容可能不可信。

- **新旧程度**

内容新旧程度如何？新旧程度是指数字内容的新旧和频繁更新的程度。可以通过日期、更新频率、相关链接是否更新、信息是否仍然有效来确定。

- **独特性**

数字内容在多大程度上为传统学习资源提供了新的机会。

- **参与性**

资源是否真的吸引和激励学习者。

- **互操作性**

内容是否可在不同的设备和操作系统上运行，是否跨平台？互操作性是指内容符合国际标准、规范或交换格式的程度。

✓ 准确性
✓ 适应性
✓ 适当性
✓ 版权
✓ 成本
✓ 覆盖范围
✓ 可信度
✓ 新旧程度
✓ 独特性
✓ 参与性
✓ 互操作性

数字内容评估标准

评估应用程序和工具的一些典型标准包括：

● **适当性**

应用/工具对于课程和学生是否合适？应用/工具是否适合课程目标、教学、学习和评估策略以及学生在年龄、能力、语言、文化和特殊方面的需求。

● **评估**

是否包括评估，提供什么类型的评估和反馈？例如，反馈是文本还是音频？学生是否有评分？反馈是否个性化？是否有结果管理？反馈和结果可否打印？

● **真实性**

应用/工具对课程和学生的真实性如何？是否为学生提供了真实的环境？

● **成本**

应用/工具的成本是多少？有教育成本吗？是开放的教育资源吗？总成本是多少？例如，学习平台等应用可能会免费安装，但教师还需要考虑其安装、支持和维护费用，如果自己研发或付费请第三方提供服务是否更节约。

● **安装和使用**

运行软件的最低内存和操作系统要求是什么？该工具是否可以离线（CD-ROM、DVD、从 Internet 下载）或在线（数据流）使用？该工具是否可用于计算机和设备？它是否需要特殊的软件来运行，如专有的多媒体播放器。

● **交互性**

是否包含交互性？包含什么级别的交互性？简单还是复杂？

● **互操作性**

应用/工具是否可与其他系统进行互操作？

● **许可**

许可要求是什么？许可是单个用户许可、多个用户许可、网络许可、还是试用版？

● **安全功能**

有哪些安全功能可用？

● 支持

是否提供了与该工具相关的教学支持,包括该工具与课程的相关性,以及如何用于教学、学习和评估?是否提供有关安装、使用和维护的技术支持?

● 可用性

应用/工具的使用和导航有多容易?它是否包括书签功能,是否具备在特定点重新启动的能力?学生或教师可以确定进度吗?帮助是否容易使用?应用/工具是否满足具有特殊需求的学生?

- ✓ 适当性
- ✓ 评估
- ✓ 真实性
- ✓ 成本
- ✓ 安装和使用
- ✓ 交互性
- ✓ 互操作性
- ✓ 许可
- ✓ 安全功能
- ✓ 支持
- ✓ 可用性

应用和工具的评估标准

8.3 负责任地使用在线资源

 概念

网络上有大量的信息通信技术资源可以用于教学实践。然而,在使用在线资源时，需遵守规则并承担责任。这些规则适用于任何使用在线资源的人员（包括学生），因此务必使他们了解相关责任。

1. 剽窃

使用在线资源的一条重要规则是避免剽窃。剽窃可定义为故意使用别人的言语和想法，并将其当成自己的。大多数教师都会查看学生作业中是否存在剽窃，但他们在搜索课堂上使用的在线资源时可能不会考虑剽窃，使用时应始终确认资源来源的正当性。

2. 版权

另一条重要规则是避免侵犯**版权**。版权是指授予原创作品创作者的一套权利，允许他们复制、分发和调整他们的作品，并阻止任何其他人这样做。在大多数情况下，版权在作品创作期的一段时间内有效，之后作品进入公有领域。版权通常不需要注册。几乎所有购买或下载的软件或资源都受版权保护。这意味着软件、文本、图像、音频或视频文件不能未经作者明确许可而使用，用户非法使用版权保护材料可能遭受刑事诉讼。教师必须始终保证使用受版权保护的任何资源，包括软件、数字文本、图像、音频和视频，并始终确认信息来源的正当性。

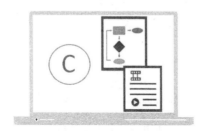

3. 知识产权

在采购在线资源时要注意的另一个概念是**知识产权**（**IPR**），它是指某人在一段时间内拥有的对其所创造的东西的权利。它可以涵盖使用的内容、发明、艺术作品、符号、名称、图像和其他东西。知识产权类型包括专利、版权和商标。教师应注意不要侵犯别人的知识产权。

4. 软件许可证

教师应该熟悉不同类型的**软件许可证**，以及如何根据许可证类型使用资源。软件产品通常是获得许可的，并应按照其许可条款和条件使用。根据许可证和有关法律,未经许可使用软件产品可能会导致民事和刑事处罚。

不同类型的许可证决定了软件的不同使用方式,包括:

- **终端用户许可协议(EULA)**也被称为软件许可或用户许可。它是制造商和/或作者和用户之间的法律合同。EULA 定义了用户使用软件的方式、禁止行为以及制造商规定的任何限制。

- **多用户许可证**是允许将软件安装在指定数量的计算机或设备上的许可证。多用户许可的定价取决于最终用户数量和许可证目的。

- **开源软件**是源代码发布并公开提供的软件,它允许任何人复制、修改和重新发布源代码,而无需支付特许权使用费或费用。开源代码通常通过协作创建。

- **知识共享许可证**是一种开放或免费的版权许可,允许人们确定他们如何在线共享文本、图像、音频和视频。有不同类型的知识共享许可证,决定了资源的不同使用方式——例如,一些许可证规定只要列出版权所有者的名称就可以使用资源,还有一些许可证规定,只要生成的资源与原始许可证是相同的条款,就可以修改共享资源。

- **共享软件**也被称为试用软件或演示软件。它是一种专用软件,用户可以在试用期内免费使用,通常功能或可用性受限。用户可以评估软件并决定是否在试用期结束时购买。

- **免费软件**是免费和软件这两个词的组合,它通常是免费的,用户也可以选择付费使用。它通常功能受限,软件供应商通常会在线提供其软件的免费演示文稿。除非另有说明,否则这种类型的软件不受版权规则的限制。

8.4 创建评估信息通信技术资源表格

在这项任务中,教师将对选择的信息通信技术资源进行评估,以查看其是否适合您的需求。

选择正在考虑与学生一起使用的信息通信技术资源。例如,准备使用它来支持教学实践、与学生进行学习活动或将其用作评估方法。它可以是某种形式的数字内容、应用或工具。

以教师选择的格式记录其评估。为达成目标,评估尽可能详细。数字内容、应用和工具的示例格式请见下表。教师可以对其进行修改,或从头开始创建自己的格式,或在线搜索合适的版本。无论使用哪种格式,请尝试在评估中包含以下信息:

(1) 资源的名称。

(2) 资源的提供者。

(3) 打算如何使用资源。

(4) 资源如何满足或不能满足评价标准。教师可以创建自己的评价标准列表,或使用下面列出的指导性评估标准列表:

- 数字内容——准确性、适应性、适当性、版权、成本、覆盖面、信誉、货币、独特性、参与度、客观性和互操作性。
- 应用和工具——适当性、评估、真实性、成本、互操作性、许可、安装和使用、交互性、安全功能、支持和可用性。

(5) 评估结果包括教师是否打算使用资源以及原因。

信息通信技术资源评估——数字内容		
资源名称是什么?		
提供者的名称或网址是什么?		
您打算如何使用该资源?		
评估(标记相应的复选框)	是	否
资源是否准确(即是否有错误?是否有引文、脚注或参考书目?有证据表明它已被专家审查或引用吗?)	☐	☐
如果需要,可以修改资源吗?	☐	☐
资源是否合适?(它是否适合您的主题、课程、学生的年龄和能力,以及您的教学、学习和评估策略?)	☐	☐
资源是否受版权保护?	☐	☐
资源是否免费用于教育?	☐	☐
主题是否涵盖了足够的深度,可以满足您的目的?	☐	☐

（续表）

信息是否最新？（即可用的日期是否最近？）	☐	☐
资源会增加课程的价值吗？	☐	☐
资源会吸引学生吗？（即是否有图像、音频、视频、动画、互动或其他兴趣和动机？）	☐	☐
资源是否可以与您的设备和操作系统配合使用？	☐	☐
资源是否客观？（即信息是否公正无偏见？是否无广告？）	☐	☐

评价结果

你打算使用该资源吗？	
简要说明资源是否符合您的目的，为什么？	

评估数字内容的示例格式

信息技术应用资源评估-应用/工具

资源名称是什么？

提供者的名称或网址是什么？

您打算如何使用资源？

评估（标记相应的复选框）	是	没有
该资源是否合适？（它是否适合您的主题、课程、学生的年龄和能力，以及您的教学、学习和评估策略？）	☐	☐
如有必要，资源是否包括评估，是否适合您的需求？	☐	☐
如有必要，资源是否为课程和学生提供了真实的环境？	☐	☐
资源是否可免费用于教育？	☐	☐
资源是否可以与现有的设备和系统进行互操作？	☐	☐
许可证满足您的需求吗？	☐	☐
资源是否适合您的安装要求（即根据您的需要，它可以在线和/或离线运行？）	☐	☐
如有必要，交互功能是否适合您的需求？	☐	☐
安全功能是否适合您的需要？	☐	☐
支持功能是否适合您的需求？（如有必要，是否有教学支持和技术支持？）	☐	☐
资源是否满足您的可用性要求（即对所有用户而言，是否易于使用？）	☐	☐

评估应用/工具的示例格式

8.5 复习练习

1. 教师正在寻找可用于即将开始的一门课程的优质在线资源,那么最有可能使用以下哪一个网站?

    a. 一个新闻网站。

    b. 一个购物网站。

    c. 一个在线游戏网站。

    d. 开放的教育资源网站。

2. 以下哪项关于网上信息的陈述是正确的?

    a. 通过搜索引擎找到的信息通信技术资源总是准确的。

    b. 在新闻网站上发现的信息是不偏不倚和可靠的。

    c. 在线信息可能是错误和不准确的。

    d. 社交媒体网站只能分享准确和真实的信息。

3. 教师正在评估一个网站可否用作可能的教学资源,应该检查下列哪一项情况,以确保该网站是可信的?

    a. 导航。

    b. 互操作性。

    c. 作者信息。

    d. 互动。

4. 列出可用于评估应用的4个标准?

    _____

    _____

5. 教师已经在网上找到了包含在下发给学生的讲义中的照片。以下哪种类型的版权许可允许其使用该照片,只需注明作者名称即可?

    a. 抄袭。

b. 终端用户许可协议。

c. 知识产权。

d. 知识共享。

6. 下列哪一项不是软件许可的类型?

   a. EULA。

   b. 共享软件。

   c. 评估矩阵。

   d. 免费软件。

第 9 课

学习平台

完成本课学习后，您应该能够：

- 了解学习平台的概念，并确定其主要特征
- 在学习平台中创建课程，并设置类别、名称、开始日期、星期/主题数
- 删除一门课程
- 创建一个用户
- 将用户分配给学习平台中的课程
- 从学习平台的课程中取消分配用户
- 将内容添加到学习平台中的课程页面，例如文件、文件夹、现有内容、标签、页面或 URL
- 从学习平台的课程页面中删除内容，例如文件、文件夹、现有内容、标签、页面或 URL
- 在学习平台中添加可用的沟通/协作活动
- 创建一个沟通/协作活动，如论坛、维基或聊天
- 编辑通信/协作活动，如论坛、维基或聊天
- 删除通信/协作活动，如论坛、维基或聊天

9.1 学习平台功能

概念

学习平台是一套软件,可让教师管理学习。学习平台可以包括一些支持课程设计和交付,以及各种学习经验的工具。学习平台可以作为整个课程的基础,也可以与面对面学习结合使用。

学习平台有时被称为虚拟学习环境(VLE)、学习课程管理系统(LCMS)或学习管理系统(LMS),所有这些系统越来越多地被简称为学习平台。

学习平台既可以是现成的、开源的,也可以由教育机构开发,以适应自己的要求。

教育中使用的常见学习平台术语有:

- Moodle(开源)。
- eFront(开源)。
- itslearning。
- Fronter。
- Blackboard Learn。
- Microsoft SharePoint LMS(现成的)。

主要特征
学习平台的主要特征因工具而异,但大多数平台提供了大致相似的功能。

(1) 它们提供**任何时间的全球访问**。这意味着大多数学习平台都安装在 Web 服务器上,以便随时随地通过互联网访问。

(2) 提供**互动和可重复使用的学习内容和评估**。学习平台可用于创建和共享资源,测试知识和接收反馈。这包括多媒体资源与内容、反馈与评估。

(3) 它们还支持**管理和跟踪功能**。这些功能包括入学管理、评估记录和日历。

(4) 它们通常包括**通信和协作工具**。这包括点对点、学生到辅导员、教师与家长的沟通以及协作工具。这些可以包括社交媒体、视频会议、即时消息、电子邮件和论坛。

9.2 使用学习论坛

概念

教师可以通过在线学习平台执行以下各种任务：

(1) 创建和删除课程。
(2) 创建用户。
(3) 分配和取消分配用户到课程。
(4) 添加和删除课程内容。
(5) 添加、编辑和删除论坛、维基和聊天工具。

步骤

有许多学习平台可用，但以下步骤使用 Moodle V2.8 版作为学习平台的开源示例，其他学习平台的使用步骤将根据其功能而有所不同。

1. 创建课程

在 Moodle V2.8 中创建一个课程，并设置类别、名称、开始日期、星期/主题数：

(1) 以**管理员**、**经理**或**课程创建者**身份登录 Moodle 站点。
(2) 在管理区域下，单击**站点管理**。
(3) 点击**课程**。
(4) 点击**管理课程和类别**。

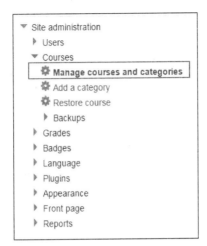

(5) 选择添加新课程的**类别**。

(6) 单击**创建新课程**。

(7) 添加**课程全名**和**课程缩略名**。

(8) 输入**课程开始日期**。

(9) 在**课程格式**部分设置**星期/主题数**。

(10) 单击**保存更改**。

2. 删除课程

要删除 Moodle V2.8 中的课程：

(1) 以**管理员**、**经理**或**课程创建者**身份登录 Moodle 站点。

(2) 在管理区域下，单击**站点管理**。

(3) 点击**课程**。

(4) 点击**管理课程和类别**。

(5) 选择课程所在的**类别**。

(6) 如果适用，选择课程所在的**子类别**。

(7) 要删除课程，请单击**删除**符号。

(8) 点击**继续**删除课程。

3. 创建用户

在 Moodle V2.8 中创建用户：

(1) 以**管理员**或**经理**身份登录 Moodle 站点。

(2) 选择**站点管理—用户—账户—添加新用户**。

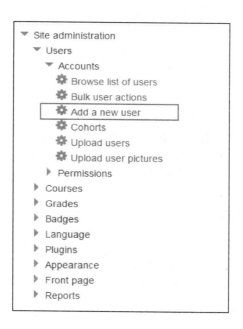

(3) 添加**用户名**。

(4) 输入新用户的**密码**。

（5）完成其余所需的详细信息，如**名**、**姓**、**电子邮件地址**、**城市**，并选择一个**国家**。

（6）单击页面底部的"**创建用户**"。

4. 分配用户

将用户分配给 Moodle V2.8 课程：

（1）作为**老师**登录 Moodle 网站。

（2）点击相关**课程**。

（3）在课程管理下，单击**用户—注册用户**。

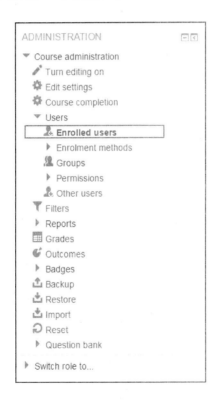

（4）单击**注册用户**。

（5）在"**分配角色**"下拉菜单中设置用户角色。

（6）搜索用户，然后单击**注册**用户名的右侧。

（7）添加所有用户，然后单击**完成注册用户**。

（8）显示课程中注册的用户列表。

5. 取消分配用户

从 Moodle V2.8 课程中取消分配用户：

(1) 在**课程管理下**，单击**用户—注册方式**。

(2) 选择**注册用户**图标。

(3) 选择已**注册用户**取消分配。

(4) 单击**删除**。

6. 添加内容

在 Moodle V2.8 的课程页面中添加内容。

(1) 作为**老师**登录 Moodle 网站。

(2) 去相关**课程修改**。

(3) 单击**打开编辑**。

(4) 转到相关**主题**或**周**。

(5) 单击**添加活动或资源**。

(6) 在**添加活动或资源**菜单中选择相关项目。

(7) 单击**添加**，或者双击相关项目。

(8) 根据需要**填写**该项目的**表格**。(注意：有关如何填写特定类型内容(如文件、文件夹、现有内容、标签、页面或 URL)的详细信息，请参见下文。

(9) 选择**保存**并返回到课程。

(10) 要完成文件或文件夹的表单：

- 在"**说明**"文本框中输入**名称**和**说明**。
- 单击**添加**。或者将文件或文件夹直接拖放到内容框中。
- 选择**文件选择器**左侧的**上传一份文件**。
- 选择一份文件。
- 浏览计算机上的**文件**或**文件夹位置**，然后双击它或单击**打开**。
- 选择**上传此文件**。

(11) 要填写标签表格：

- 在文本框中输入标签的**文本**。

(12) 要完成一个页面的表单：
- 在**名称**域中输入内容的**标题**，并在**描述**部分输入内容描述。
- 在页面内容部分添加要显示的**文本**。

(13) 要填写网址的表单：
- 在**名称**域中输入内容的**标题**，并在**描述**部分输入内容描述。
- 在外部 URL 域中输入 **URL**。

7. 删除内容

从 Moodle V2.8 课程页面中删除文件、文件夹、现有内容、标签、页面或 URL 等内容：

(1) 单击相关项目旁边的**编辑**。

(2) 单击**删除**。

(3) 单击**是**以确认。

8. 创建一个论坛、维基或聊天

要在 Moodle V2.8 中创建论坛、维基或聊天：

(1) 登录 Moodle 站点。

(2) 去相关**课程**修改。

(3) 单击**打开编辑**。

(4) 转到相关**主题**或**星期**。

(5) 单击**添加活动或资源**。

(6) 在**添加活动或资源**菜单中选择相关项目。

(7) 单击**添加**，或者双击相关项目。

(8) 通过输入**名称**和**描述**以及所需的任何**其他设置**(例如**论坛类型**或**维基**的**第一页名称**和**模式**),完整填写该项目的表单。

(9) 选择**保存**并返回到课程。

9. 编辑一个论坛、维基或聊天

要在 Moodle V2.8 中的论坛、维基或聊天中编辑标题:

(1) 要编辑标题,请点击相关标题旁边的**编辑标题**图标。

(2) 输入**新标题**。

(3) 按回车键。

10. 编辑论坛、维基或聊天中的常规设置

(1) 要编辑常规设置,请单击相关活动旁边的**编辑**。

(2) 单击**编辑设置**。

(3) 根据需要编辑活动。

(4) 选择**保存**并返回到课程。

11. 删除一个论坛、维基或聊天

在 Moodle V2.8 中删除论坛、维基或聊天:

(1) 单击相关活动旁边的**编辑**。

(2) 单击**删除**。

(3) 单击**是**以确认。

9.3 复习练习

1. 教师想通过主题在线存储修订资源,以便学生可以在家中访问它们。以下哪一项是此任务最合适的工具?

   a. 一个招生数据库。

   b. 一个学校讨论论坛。

   c. 一个在线学习平台。

d. 一个学校网站。

2. 教师正向校长解释为什么要在学校引入一个在线学习平台。以下哪一个是在线学习平台的最佳描述？

   a. 它是管理学校预算的工具。

   b. 它是存储学生测试结果的工具。

   c. 它是管理班级时间表的工具。

   d. 它是管理学习过程的工具。

3. 在在线学习平台上创建选择的课程。

4. 在在线学习平台中创建用户。

5. 在在线学习平台为用户分配选择的课程。

6. 将一些课程内容，例如文件、文件夹、现有内容、标签、页面或 URL 添加到课程页面。

7. 从课程页面中删除一些课程内容。

8. 在在线学习平台上添加一个论坛。

ICDL 教学大纲

参考	任务项目	位置
1.1.1	了解教学中使用的信息通信技术（ICT）可能包括电脑和设备、网络、应用/工具和数字内容。	1.1 信息通信技术在教育中的概述
1.1.2	概述使用信息通信技术（ICT）支持和加强教学的好处。	1.2 信息通信技术的优点——教师篇
1.1.3	概述使用信息通信技术（ICT）支持和增强学习的好处。	1.3 信息通信技术的优点——学生篇
1.1.4	概述信息通信技术（ICT）支持和加强评估的好处。	1.4 信息通信技术的优点——评估篇
1.1.5	概述使用信息通信技术（ICT）支持和增强教学、学习和评估面临的障碍。	1.5 潜在的挑战
1.2.1	概述信息通信技术（ICT）如何支持不同的学习风格。	3.1 信息通信技术与学习风格
1.2.2	概述信息通信技术（ICT）如何支持不同的学习策略。	3.2 信息通信技术和教学/学习策略
1.2.3	概述信息通信技术（ICT）如何支持不同的学习环境。	3.3 信息通信技术和学习环境
2.1.1	概述规划信息通信技术（ICT）增强课程所需的步骤。	4.1 课程计划
2.1.2	认识到信息通信技术（ICT）增强课程规划包括为课程准备、教学活动、学习活动、评估活动选择合适的信息通信技术（ICT）。	4.2 课程考虑因素
2.1.3	概述规划信息通信技术（ICT）增强课程时需考虑的实践要点。	4.3 实际考虑因素
2.1.4	了解确保所有学生具备信息通信技术（ICT）平等使用权的重要性。熟悉提供辅助功能的一些选项。	4.4 访问考虑因素
2.1.5	为信息通信技术（ICT）强化课程创建课程计划。	4.5 创建一份信息通信技术增强的课程计划
2.2.1	了解可接受使用政策（AUP）的概念。	2.1 可接受使用政策（AUP）

(续表)

参考	任务项目	位置
2.2.2	了解对学生和家长进行互联网使用责任和安全教育的重要性。概述学生使用互联网会碰到的潜在风险。	2.2 使用互联网的潜在风险
2.2.3	概述如何将学生使用互联网会碰到的潜在风险降到最低。	2.3 最大限度地降低互联网的风险
2.2.4	通过实施有关的数据保护法律,了解保护学生数据的重要性。了解教师在实施数据保护政策中的作用和责任。	2.4 数据保护
2.2.5	识别在计算机和设备上保护数据的一些方法。	2.5 数据安全
2.2.6	识别可以帮助确保在使用计算机或设备时教师和学生健康的一些方法。	2.6 使用电脑或设备时的健康方式
3.1.1	识别可用于支持和增强教学和学习的数字内容类型,并概述其关键特征。	5.1 数字内容
3.1.2	识别可用于支持和增强教学和学习的沟通工具,并概述其关键特征。	5.2 通信工具
3.1.3	识别可用于支持和增强教学和学习的在线协作工具,并概述其关键特征。	5.3 在线协作工具
3.1.4	识别可用于支持和增强教学和学习的生产力工具,并概述其关键特征。	5.4 生产力工具
3.1.5	识别可用于支持和增强教学和学习的图像、音频和视频工具,并概述其关键特征。	5.5 图像、音频和视频工具
3.2.1	识别可用于支持和增强评估的电子评估工具,并概述其关键特征。	7.1 屏幕评估
3.2.2	识别可用于支持和增强评估的电子调查/投票工具,并概述其关键特征。	7.2 调查工具
3.2.3	了解电子档案这一术语,以及其如何支持和增强评估。识别支持使用电子档案的工具,并概述其关键特征。	7.4 电子投资组合
3.2.4	了解信息通信技术(ICT)如何支持和增强合作评估。	7.5 协作评估
3.2.5	识别可用于支持评估管理的工具,并概述其关键特征。	7.3 评估管理工具
3.3.1	识别信息通信技术(ICT)资源的来源。	8.1 查找适当的信息通信技术资源
3.3.2	了解使用系统方法(如评估矩阵)评估信息通信技术(ICT)资源的重要性。	8.2 评估信息通信技术资源

(续表)

参考	任务项目	位置	
3.3.3	注意批判性评估数字内容对教师和学习者的重要性。识别可有效用于教育的数字内容评估的恰当标准。	8.2	评估信息通信技术资源
3.3.4	识别可有效用于教育的应用/工具评估的恰当标准。	8.2	评估信息通信技术资源
3.3.5	了解版权、知识产权、剽窃、知识共享许可等术语。了解确认来源以及寻求必要的数字文本、图像、音频、视频使用许可的重要性。	8.3	负责任地使用在线资源
3.3.6	了解使用授权软件的重要性。概述软件许可证的类型：最终用户许可协议（EULA）、多用户许可证、开源、共享软件、免费软件。	8.3	负责任地使用在线资源
3.3.7	评估信息通信技术（ICT）资源，确定其在支持和增强教学、学习和评估方面的有效性。	8.4	创建评估信息通信技术资源表格
4.1.1	了解互动白板的概念，并概述其主要功能。	6.1	交互式白板
4.1.2	了解在教室中安装数字投影机的目的，并概述其主要功能。	6.2	数字投影仪
4.1.3	了解在教室中安装数字模拟器的目的，并概述其主要功能。	6.3	数字可视化器
4.1.4	了解屏幕分享工具的概念，并概述其主要功能。	6.4	屏幕共享工具
4.1.5	了解移动学习的概念，并概述移动设备的关键特性。	6.7	移动学习
4.1.6	了解术语"1∶1计算"和"自带设备（BYOD）"。	6.8	在教育环境中使用移动计算机的方法
4.1.7	识别在教学、学习和评估过程中用于支持图像、音频和视频文件的创建和使用、支持通信和在线协作的设备。	6.5 6.6	图像、音频和视频设备 通信和协作工具
4.2.1	了解学习平台的概念，并概述其主要功能。	9.1	学习平台功能
4.2.2	在学习平台中创建一门课程，设置类别、名称、开始日期、星期/主题数。删除一门课程。	9.2	使用学习论坛
4.2.3	创建一个用户。将用户分配至学习平台课程、取消分配。	9.2	使用学习论坛
4.2.4	对学习平台上的课程页面添加内容、删除内容，如：文件、文件夹、现有内容、标签、页面、URL。	9.2	使用学习论坛
4.2.5	了解学习平台中可用的沟通/协作活动。创建、编辑、删除通信/协作活动，如：论坛、维基、聊天。	9.2	使用学习论坛

恭喜！您已经完成了 ICDL 信息通信技术在教育中的应用课件的学习。您已经了解了有关信息通信技术的高级技能，包括：

- 了解使用信息通信技术支持和加强课堂教学、学习和评估的关键概念和优点。
- 规划信息通信技术增强课程的在线考虑因素。
- 了解在教育中使用信息通信技术的安全性和健康考虑。
- 概述可用于支持和加强教学、学习和评估的信息通信技术资源。
- 了解如何寻找和评估信息通信技术资源，以支持和加强教学、学习和评估。
- 概述课堂技术的主要特点。
- 使用学习平台的主要功能。

达到这一阶段的学习后，您现在应该准备好进行 ICDL 认证测试。有关进行此测试的更多信息，请联系 ICDL 测试中心。

图书在版编目(CIP)数据

ICDL 教育信息技术应用/爱尔兰 ICDL 基金会著；ICDL 亚洲译. —南京：东南大学出版社，2019.4
书名原文：ICT in Education
ISBN 978-7-5641-8351-6

Ⅰ.①I… Ⅱ.①爱…②I… Ⅲ.①信息技术—应用—教育—教材 Ⅳ.①G43

中国版本图书馆 CIP 数据核字(2019)第 061136 号

江苏省版权局著作权合同登记
图字：10-2019-057 号

ICDL 教育信息技术应用（ICDL Jiaoyu Xinxi Jishu Yingyong）

出版发行：东南大学出版社
社　　址：南京市四牌楼 2 号　　邮　编：210096
网　　址：http://www.seupress.com
出 版 人：江建中
印　　刷：南京京新印刷有限公司
开　　本：700 mm×1000 mm　1/16
印　　张：8.25
字　　数：173 千
版　　次：2019 年 4 月第 1 版
印　　次：2019 年 4 月第 1 次印刷
书　　号：ISBN 978-7-5641-8351-6
定　　价：45.00 元
经　　销：全国各地新华书店
发行热线：025-83790519　83791830

* 版权所有,侵权必究
* 凡购买东大版图书如有印装质量问题,请直接与营销部联系（电话:025-83791830）